U0723720

千古**阳谋**的真相

TUIENLING

推恩令

刘 希 ◎ 著

台海出版社

前言

与推恩令相关，网上流传着两种极端的说法。

一种是无所不用其极的盛赞。在这类观点下，推恩令是"千古无解的阳谋"，是"人类智商的最高境界"。

与之相反，另一种说法则又无限贬低推恩令，认为它不过是一种锦上添花的削藩手段，没有推恩令还会有削地令、除藩令。更有甚者，其观点耸人听闻，竟然将西汉灭亡的主因归结为推恩令，认为推恩令直接导致藩王集体沉沦，以至于让外戚王莽钻了空子。

两种极端的说法似乎都还有史可循。

推崇的一方多引用光武帝刘秀和昭烈帝刘备的生平，以此佐证推恩令在遏止宗亲势力上居功至伟。

这种事实的对比看起来很有说服力：西汉初年，同姓诸侯王位高权重，势力危及中央，甚至酿成七国之乱，可在推恩令之后呢？长沙定王刘发的五世孙刘秀以布衣起兵，窘迫到只能骑牛上阵。刘备的故事更是家喻户晓，他本是中山靖王刘胜之后，代代推恩下来竟成了"织席贩履"之辈。

而贬低推恩令的一方也是有理有据。七国之乱后诸侯王实力大损是不容置疑的事实，照此看来，推恩令不过是一种恃强凌弱的霸凌，哪里配得上"顶级阳谋"的高帽。至于西汉因推恩令而亡的说法，看起来也不像是空穴来风，毕竟，西汉末年宗室羸弱也是史实，推恩令确乎是给宗室藩王去势的最狠一刀。

两种极端且又相左的观点符合互联网时代的群体传播特征：事实不重要，情绪才重要。只有情绪才能点燃观众的兴趣，因此，理性客观的声音都被挤到犄角旮旯里去了。

无论观点对错，从网络信息的广泛争议来看，推恩令无疑正"身在此山中"。作为汉武帝时期的一项削藩政策，它承载过那个时代的历史责任，前因后果也都有史可查，本不该陷入这种臧否的夹缝当中。

一个可能的解释是，推恩令杂糅了太多历史事件，使得它本身纷繁复杂，又因为后世寄托了太多的个人情绪，或是出于对智慧阳谋的肃然起敬，或是出于对过度拔高的本能反感，在"不求甚解"的互联网时代，最终汇聚成一场令人眼花缭乱的百家争鸣，使得推恩令也"云深不知处"了。

人们常说，历史是一面镜子。但这镜子上如果云遮雾罩、满布裂痕，那它必定起不到"正衣冠，知兴替"的作用。

本书正为拨云见日而写，为的就是让推恩令历历可辨：它要解决的是一个怎样的难题？具体是怎么操作的，其效果和价值如何？推恩令真的是无法破解的千古阳谋吗？

在后半部分，笔者进一步推敲了"四大阳谋"的说法，又从历朝历代的削藩实际出发，用代入假设的方式验证推恩令的可操作性，并以西方历史上的"类推恩政策"作对比，探寻大一统中国和分裂欧洲的秘密所在。

这是一幅用文字描摹的高度还原推恩令的写实画卷，千古阳谋的真相，本书一定能告诉你答案！

第二部分　阳予阴夺：无法拒绝的推恩令

第四章　文景的遗产

推恩令1.0版：贾谊才是祖师爷 39

你知道汉景帝多有谋略吗 44

为什么说，削与不削早晚都是事 48

零敲碎打之下的诸侯王 54

没有实力拿什么削藩 60

第五章　藩王不削，帝国不立

什么是「天下一统」的门禁 69

汉武帝为什么陷入了悖论困境 74

什么才是最古老的糖衣炮弹 79

目录

第一部分　皇权之谋：成也分封，败也分封

引子　项羽的大腿

第一章

分不行，不分也不行

刘邦到底有多牛 …… 3

为什么说成也分封，败也分封 …… 8

第二章

削藩的阴阳两面

为什么说硬「怼」不如软磨 …… 15

手里有锤子，看谁都是钉子 …… 20

第三章

如何用好藩王这把双刃剑

为什么汉文帝不敢削藩 …… 29

藩王出现「刺头」怎么办 …… 33

第三部分 惊鸿一现：推恩令为何不可复制

第九章 东汉的藩镇死局

推恩令的余光在哪里 ……………………………… 145

没有绝对实力，削藩就是空谈 …………………… 148

第十章 重演历史：建文帝的皇冠保卫战

朱允炆为什么不用推恩令 ………………………… 153

朱元璋的制度有多恐怖 …………………………… 158

第十一章 清朝的藩王绝唱

假如康熙帝也用推恩令 …………………………… 165

没有财权，没有军权，王室就是摆设 …………… 169

画外音 破碎的欧洲和大一统的中国 …………… 173

目 录

第六章

主父偃的奇谋

『政坛暴发户』的A、B面 87

推恩令的『版权』到底是谁的 92

汉武帝为什么选择了推恩令 97

第七章

圣恩里的白刃

你知道推恩令有多高明吗 103

给你脸不要，那就要你命 108

推恩在前，律令在后，谁也别想反 113

为什么说『无情最是帝王家』 118

第八章

考证『千古第一阳谋』

推恩令到底有什么价值 127

推恩令真的无解吗 133

四大阳谋都是真的吗 138

引子：项羽的大腿

公元前 202 年 1 月，楚地东城一座名为四山的小山坡下，西楚霸王项羽刚打完一场漂亮的突围战。此战中，项羽凭高俯冲，率手下仅剩的二十八骑，硬生生撕开数千汉军在山脚设下的包围圈，并阵斩汉将一名。

项王此战的对手是汉军的精锐翘楚——后世称作"禁卫骑兵"的郎中骑，由汉初第一骑将、日后封侯拜相的灌婴执掌。

刘邦"赏千金，封万户侯"的悬红许诺早已传遍全军，郎中骑作为追击先锋，势要诛杀项羽请功领赏。因此，未待项羽喘匀粗气，又一批汉军骑兵跃马扬鞭而来。

领兵的是一名叫杨喜的郎中骑都尉，军职相当于今天的营长或连长，妥妥的中下级军官。

杨喜的骑兵与突围而出的项羽撞个正着，他还未有动作，项羽突然怒目圆睁，一声大吼，吓得杨喜"人马俱惊"，不敢交战。惊魂未定之下，他掉头狂奔，一口气逃出数里地。

由此，杨喜成为东城之战记事中实名出镜的唯一汉军，司马迁的《史记》用一种近似文学丑化的笔吻，寥寥数十字便让这位汉将的不堪流于后世：追项王，项王瞋目而叱之，赤泉侯人马俱惊，辟易数里……

赤泉侯便是杨喜。命运就是这么奇妙，中下级军官、都尉杨喜一夜之间成为大汉开国公侯。

而杨喜受封的资本仅是一条大腿：

东城之战溃逃的杨喜心有不甘，随即与兄弟部队会合，将项羽堵在乌江。随后霸王自刎，枭雄陨落。为争夺项羽尸体，汉军自相残杀，几十人死在战友手下。混乱中，杨喜抢得了项羽的一条大腿，剩余肢体包括头颅则被另外四人夺走。

这条大腿改变了杨喜的命运，也深刻影响了中古中国的历史走向。

刘邦兑现了他的悬红，杨喜五人共领万户侯，其中杨喜分得 1900 户，封赤泉侯，杨喜一脉自此发迹。

余荫之下，杨喜四代孙杨敞官至西汉丞相，成为弘农杨氏的奠基人。弘农杨氏能人辈出，从东汉时被誉为"关西孔子"的名臣杨震、才华横溢名留三国的杨修，到西晋三杨、北魏杨播兄弟，显赫不知几世，乃至隋朝开国皇帝杨坚都托名于弘农杨氏。

以上帝视角来看，杨喜的封侯之路正是刘邦的取胜之道。

楚汉相争时，刘邦为壮大自己的军事力量，分封韩信、彭越等功臣七人为王。项羽死后，逐鹿成功的刘邦毫不吝啬，大行分封，包括杨喜在内，共 143 人因军功封侯。可以说，刘邦的帐下猛将多是重赏而来的勇夫，陈胜、吴广喊出的"王侯将相宁有种乎"在刘邦这里得以证实。

历史处处都有合离似反。刘邦分封，哪怕只是许诺也能吸引无数追随者；项羽分封，却让自己从如日中天走到众叛亲离。他的那条大腿，与其说是杨喜抢去的，不如说是项羽自断肱骨，亲手奉送的。

公元前 207 年 8 月，项羽携巨鹿大捷的兵锋攻破武关，进入咸阳，秦王子婴投降，宣告秦朝灭亡。

此时，摆在项羽面前的有两条路。一是接过秦朝衣钵，施行郡县制，建立一个大一统的新王朝；二是仿效西周，分封诸侯，自己做天下共主。

第一条路并不好走，它意味着连绵不断的征战和杀伐，项羽虽强，未必能将其他诸侯各个击破。而项羽本人也无一统天下的志向，他起兵反秦是为了复兴楚国，并不是做什么大帝国皇帝。再加上秦朝短命的前车之鉴，项羽坚定地选择了第二条路。

于是，项羽在咸阳大行分封。或许是来自"春秋五霸"的灵感，项羽自封西楚霸王，意在各王之上。与此同时，他又分封麾下有功者及各路义军首领共十八人为王，史称"十八王之封"。

一幅"春秋再现"的美好图景已经勾勒出来。分封完毕，项羽返回彭城，与江东父老一同分享他的荣耀。

令项羽始料未及的是，仅仅两个月，义军的号角便再次响起，这次还是冲他来的。

引起这场祸乱的正是"十八王之封"。

诸侯王抗楚的原因很简单：项羽的分封实在是蛮横潦草，对部分既得利益者来说，这不是恩赏，而是一次不留情面的削藩。

汉王刘邦按照"先入关中者王之"的约定，该独占关中，但项羽只封给他汉中、巴、蜀之地，并且将关中土地封给秦朝的三名降将，以阻断刘邦的东出之路。如果不是手下劝阻，刘邦当时就要攻楚。

齐国被项羽一分为三，切割成齐王、胶东王、济北王的封地。

项羽还用改变封号的方式变相削藩。比如韩广，原本占据燕地，是正儿八经的燕王。项羽却把他封到辽东一带，称辽东王。这等于变相逼迫韩广交出燕地。

对韩王韩成，项羽做得更绝。在分封之前，韩成就是韩地复国后的第一任韩王。项羽认可韩王的身份，却不让他回韩国，将其带到彭城后废黜为侯，不久后又杀了他。

更令人费解的是，项羽对当时的强力诸侯视若无睹，拒绝封王。齐相田荣、赵将陈馀都是本国权力的实际控制者，欲王则王，项羽却没有给予他们恰当的名分。

项羽的蛮力削藩让霸王分封体系顷刻瓦解。辽东王韩广与燕王臧荼因封地矛盾互相攻伐。田荣不满分封，率先反楚，将项羽强行分割的三齐收归一统。刘邦随后扯下委曲求全的面皮，明修栈道，暗度陈仓，从汉中出发攻入关中……五年后，项羽兵败垓下，连尸体都成了别人的军功章。

项羽既死，汉王当立。公元前202年，汉五年二月初三，刘邦应功臣良将之请，在汜水之畔登基称帝，定国号为汉。刘邦吸取秦朝和霸王的教训，确定了郡县制和分封制并行的政权格局，史称"郡国并行制"。

也就是说，诸侯王仍在，潜在威胁仍在，大汉帝国也要削藩了！

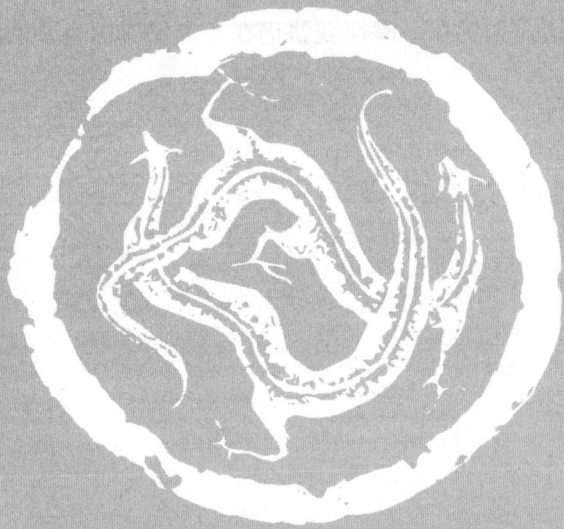

第一部分

皇权之谋：成也分封，败也分封

第一章 分不行，不分也不行

分封制由来已久，根深蒂固。秦汉之前，姬周以分封立国，延续近800年才寿终正寝，它的魔力使得秦朝一度打算效行，但东周天子的悲惨遭遇足以劝退梦想"一统八荒"的始皇嬴政。可当他力排众议，收权中央之后，中国历史上第一个大一统王朝也面临无人凭仗的险境，为此，始皇帝不得不披坚执锐，亲自上阵，最终二世而亡。

传至刘汉，汉高祖照猫画虎，参照周、秦两朝的教训，既然左也不行，右也不行，那就选中间那条路，这才创造性地推出了"郡国并行制"。刘邦的构想是，郡国并行制下，朝廷既能通过分封拱卫中央，又能借助郡县实控国家，避免成为"花瓶天子"的尴尬。

但分封制的先天基因中便有"分权"之毒，不管是异姓王还是同姓王，他们都是蛀空皇权的隐患，利用分封来稳定政权的大汉无疑是在饮鸩止渴，总有一天，汉室也需刮骨去毒。

为什么说成也分封，败也分封

    秦取天下后，一场关于"分封"还是"郡县"的大辩论在咸阳宫内沸反盈天。

    主张分封的占绝大多数，其中尤以丞相王绾和博士淳于越最有分量。他们一致认为，扫荡天下后的秦国疆域过大，不可能对六国故地进行集权式的管理。最佳的办法是仿效周王室，将皇室子弟分封到六国故地，让他们代秦治理。

    王绾旗帜鲜明地将自己的观点告诉了皇帝：燕、齐、楚距离秦国都很遥远，不在那里设置诸侯王就守不住，所以请封立他的儿子们为王。

    淳于越的谏言更是直戳皇帝隐忧：现在陛下拥有四海，可一旦出现叛乱，没有诸侯王做羽翼，谁能替您挽救危局呢？

    大臣们几乎一边倒地支持王绾和淳于越，始皇帝却未置可否。时任廷尉的李斯体察天心，恰到好处地给出了反对意见。

    李斯知道，胸藏万象的嬴政绝不满足于这一朝一代，他希图的是一个万世不易的永久帝国。从始到二，再到三四，子子孙孙无穷匮也。

    于是，李斯对症下药，说了这样一句话：

周文武所封子弟同姓甚众，然后属疏远，相攻击如仇雠，诸侯更相诛伐，周天子弗能禁止。

言下之意，行分封制就得步周朝后尘，天子羸弱，诸侯并起，八百年已是极限，万世那是想都别想。

作为皇帝，嬴政当然也知道 800 年姬周的真实成色。

周朝以分封治天下。据《荀子·儒效》记载，西周初年立有 71 个诸侯国，其中宗室就占了 53 个。这时的周王室扎根西北，尽管与中原相距甚远，但凭借宗法血缘和天子的威严仍能号令诸侯，是名副其实的天下共主。西六师和殷八师这两支强大武装的存在使得周王室长期对各路诸侯保持军事威慑，有时只需一道诏令就能灭国诛王。

周穆王时期，雄踞淮河、泗水流域的徐国逾制建城，其国君擅自称王。穆王直接命令楚国发兵征讨，一战而胜。徐偃王身死，徐国也被贬为子国。

普天之下莫非王土，率土之滨莫非王臣，在绝对实力面前，各路诸侯常常面临"臣不得不死"的恐惧。

公元前 923 年，密国国君康公与周共王一同巡游，半路上有三位美人来投奔密康公，有人劝他将美人献给周王，"康公不献，一年，王灭密"，密康公被杀。

仅仅因为不献美女便遭屠戮，密康公当然死得憋屈。但这一事件恰恰证明了周天子的绝对威严，"天下无不是的君父"，天子一怒，诸侯只能送命。

周王室对诸侯的控制不仅仅止于威慑，天子的意志也能通过制度渗透到各诸侯国中。

西周时，周天子会定期巡视各路诸侯，诸侯们也需定期向周天子述职，形成了一套有形的考成制度。

诸侯国可以拥有军队，周王为了削弱各路诸侯的军权，首推"命卿"制度。只有天子派驻到各诸侯国的"卿"才有带兵权。为防止派出去的人和诸侯国沆瀣一气，周天子还设监军来保证军权的高度集中。

西周时期，天下共主的名号从来不虚，哪怕是在已经走下坡路的周夷王统治时期，天子也能以"生病时没来看我""两年没朝贡"这样微不足道的事由将大国君主齐哀公诱捕烹杀。

分封制在前期的确给周朝注入了强大的活力，周天子号令之下，各诸侯国谨守祖业的同时又开疆拓土，使得姬周疆域远超殷商。可惜的是，花无百日红，很快，时间开始发挥魔力，它逐步稀释宗主国与各诸侯国的血缘浓度，双方的实力也在岁月流逝中此消彼长。

到了西周中晚期，坐大的诸侯频频发难，为了平定叛乱，周王室焦头烂额。周朝的第四任君主周昭王三征楚国，一胜两负，最后一次连自己的命都搭进去了。

此后，周王室的实力每况愈下，传到第十代君主周昭王这里，他动用了王室几乎所有的军力都没能击败南方反叛的鄂国，为此他不得不与诸侯组成联军，这才惨胜得归。

这时的周王室军事力量大不如前，天子威严更不可同日而语。但瘦死的骆驼比马大，西周王室还不能被当成摆设，其实力应当还在大国诸侯之上。直到申侯和犬戎攻破国都，周幽王身死国灭，形势瞬间质变。

周平王东迁后，王室丧失了大片王畿之地，就这样，周天子还不得不割肉喂鹰，以仅剩不多的土地封赏、讨好有功的诸侯，并寻求强力诸侯的保护。自此之后，周王逐渐沦为"花瓶天子"，权力、尊严全部大打折扣。

假如有史官给东周天子写起居录，其内容一定相当吊诡。

东周初年，郑武公因拥立平王有功当上了"卿士"，成为风光无二的权臣。郑武公和他的继任者郑庄公处处欺压平王，后者苦不堪言，便打算联合虢国，想办法撤掉郑庄公。

听说此事后，郑庄公怒气冲冲地找到周平王，并以辞职威胁周平王。周平王深知自己没有抗衡郑国的资本，只得委曲求全，并提出"周郑互质"的弥补方案，就是周平王和郑庄公分别将自己的儿子送到对方那里做人质。

堂堂周天子，竟然要跟手下的诸侯国交换儿子做人质，这得卑微到什么程度！

周平王生前憋屈，死后也不能风光。由于周王室孱弱，诸侯国也不依礼送丧，继任者周桓王连平王的丧葬费都凑不齐，只好派人低声下气地去诸侯国讨钱。

讨钱办丧也只是周桓王"吃瘪"的开始。

御极之初，周桓王又遭遇了一件烦心事。那年春天，郑国遭遇小范围饥荒，郑庄公竟然连招呼也不打，擅自盗割了王畿之地的粮食。周桓王还没来得及兴师问罪，郑国这边又派人把国都成周附近的庄稼给收了。

时间来到周桓王十三年，忍无可忍的周天子终于下定决心跟郑庄公撕破脸皮。他率领王室仅剩不多的军队，联合蔡国、卫国、陈国一同讨伐郑国。繻葛之战中，周桓王身先士卒，誓要一雪前耻，结果却是大败而归，肩膀上还中了一箭。倒是郑庄公不忘"君臣之礼"，特地派遣使者来"慰问"受伤的天子和左右随从。

桓王之后，东周天子上演了一幕幕让人哭笑不得的君臣大戏。

周襄王继位时连天子座辇都没有，只好向鲁国借用。晋国称霸期间曾大会诸侯，晋文公竟然派人暗示襄王一同参加。周襄王心里很不爽，堂堂天子竟然沦落到被诸侯呼来唤去，成何体统！转头想到晋国的强大，又心不甘情不愿地去了。

东周第十二位天子周景王时财政困难，连王室用的器皿都没有。周景王为此特地在宴席上向晋国大臣讨要礼器，晋国大臣找借口推托，周天子翻旧账，列举历代周王赐给晋国的土地与器物，言外之意，现在该还一些回来了。

天子当到这个份儿上，已经没有任何威严。西周时期周王室借以控制诸侯国的制度此时已彻底式微，甚至一些无足轻重的礼制也被诸侯国抵制。比如"受命制"。

在这一制度中，诸侯国君去世后，继承人需要到王都向周天子请命，得到天子认可后才能合法继承爵位。这一制度在东周时已然荒废，诸侯国的新君不再亲自前往国都，周天子的任命也可有可无，有的诸侯甚至连样子都懒得做，直接越过周天子自行继位。

周王室衰微带来的影响当然不只这些。由于缺乏天下共主，诸侯国之间谁也不服谁，他们互相攻伐，强弱吞并，开启了长达数百年的春秋战国时代。到东周末年，周王室已无力介入诸侯争端，甚至还要担心自己被七雄吞并。

公元前256年，周朝最后一任君主周赧王降秦，宣告立国790年的姬周正式灭亡。以周天子的视角来看，从西周末年镐京城破那一刻起，他们就失去了天下共主的宝座，此间不过270余年。东周对"花瓶天子"们来说只是一段名存实亡的残影。

《左传》中说，君以此始，亦必以终。周朝以分封立国，最后又亡于分封，这无疑给后世帝王敲响了警钟。周鉴不远，秦始皇发出"天下共苦战斗不休，以有侯王"的感慨，把天下大乱的祸源归结于分封和侯王，所以毅然决然地摒弃分封制，在全国范围内实行郡县制。

他哪里知道，制度的革新并没有让秦帝国流传百世，二世而亡的秦帝国也成了后来者引以为戒的反面教材。项羽败亡后，中国又一次来到大一统帝国的前夜，接过秦朝衣钵的汉帝国将怎样处理诸侯王问题？面对可以治病的毒药，汉朝皇帝又该如何抉择？

刘邦到底有多牛

公元前 201 年前后，立国未稳的汉王朝接连出现了一些奇怪的政治动作。

这年春天，刘邦突然降旨，命令韩王离开河南一带的封地，改到太原以北就藩。刘邦称此举是要韩王为国戍边，防御匈奴南下侵扰。不久，屡吃败仗的韩王选择投降匈奴，刘邦亲自率军征讨，韩王逃匿，韩国国除。

这年十二月，刘邦大会诸侯于楚国陈县，楚王韩信在出城迎接皇帝时突遭逮捕，理由是韩信擅自调兵，大逆不道。回到洛阳后，刘邦将韩信贬为淮阴侯，楚国国除。

第二年冬天，刘邦巡视赵国，赵王张敖以礼相迎，亲自戴上袖套伺候老丈人的饮食。谦卑的态度换来的是刘邦无端的谩骂，张敖没敢发作，但手下人看不过去了，他们打算杀掉刘邦替主子出气，得亏张敖苦劝才没闯下大祸。后来刘邦以此事为由头夺了张敖的赵王头衔，改封宣平侯，赵国国除……

明眼人都能瞧出来，刘邦这是在暗暗削藩。韩、楚、赵三王之前，已有燕王臧荼被刘邦逼反，早早伏诛，刘邦让自己的亲信卢绾当了燕王。

如果真是削藩的剧本，收拾完这几块硬骨头，刘邦应该会一鼓作气，扫清余下的孱弱侯王，打造一个类似秦帝国的中央集权王朝。

怪就怪在，刘邦并没有这么做。在打击各大异姓诸侯王的同时，刘邦又在分封一批新的诸侯王。

废掉楚王韩信后，刘邦将楚地一分为二，由弟弟刘交接任楚王，封地在彭城、东海、薛郡。这几处地方不光富庶，且极具战略价值。原属楚地的淮东五十二座城邑则被刘邦封给了堂兄刘贾，是为荆王。

刘邦在削藩上有多果断，封王时就有多大方。

庶长子刘肥没有军功，也缺乏野心，刘邦封他为齐王，齐国定都临淄，统辖七十三城，成为西汉最大的诸侯国。

二哥刘喜农民出身，毫无将才，刘邦却让他做了代王。代国统辖今河北、山西一带的广袤土地，扼守汉朝的北大门，战略价值不言而喻。

一边是削藩，一边是封王，汉初这一系列的政治动作像是往漏壶里灌水，殊为奇怪：如果刘邦要建立一个大一统的中央帝国，那他应该削藩到底，效仿始皇帝，将权力收归一统。反之，如果刘邦认同诸侯王的价值，他又何必急于操刀，冒着新政权被颠覆的风险蛮力削藩？

英国著名历史学家阿诺德·约瑟夫·汤因比认为，刘邦是人类历史上最有远见、对后世影响最大的两位政治人物之一（另一位是罗马大帝恺撒）。在刘邦身上，他看到了"极富远见的领导才能"。

汉初这一系列奇怪的政治动作正是刘邦"远见才能"的绝佳印证。

先来说说刘邦为什么要急速削藩。

楚汉战争时，为了壮大势力，刘邦封王许地，这是迫于形式的权宜之计，是"徼一时权变，以诈力成功"。此时，诸侯王与刘邦的关系也近似于盟友而非君臣。

国名	王名	封地
楚国	韩信	泗水、薛郡、东海、陈郡、会稽
淮南国	英布	九江、衡山、庐江、豫章
赵国	张耳	邯郸、巨鹿、常山
长沙国	吴芮	长沙、武陵、桂阳
韩国	韩信（与楚王同名，后世称为"韩王信"）	始颍川，后徒太原
梁国	彭越	砀郡
燕国	臧荼	广阳、上谷、渔阳、右北平、辽东、辽西

天下初定之后，权宜之计变得尾大不掉。仅从面积上看，这七个诸侯王所辖封地就超过了汉郡，更别说这些王国还有高度的自治权。他们拥有独立的武装，可以自置百官、征收赋税、铸造钱币，与汉朝政府的职能相当，只是名义上屈从于皇帝陛下，一旦形势有变，他们可以随时举兵反汉，让项羽的悲剧在刘邦身上重演。

卧榻之侧岂容他人鼾睡，所以刘邦必须翦除这些威胁皇权的异姓王。至于为什么那么急，刘邦也有足够的理由：他登基时已经 54 岁，武力、威望正值巅峰，只有一鼓作气，在有生之年解决权力中空的问题，才能为后代子孙留下一个更加牢固的大汉江山。

既然刘邦已经意识到地方王权会侵蚀中央皇权，那他为何又要大肆分封同姓诸侯王呢？

个中原因并不复杂。

首先是秦朝速亡的教训。刘邦亲眼见证了大秦王朝的短命，在他看来，秦之所以二世而亡是由于没有封立宗室为王，导致无人拱卫中央政权，所以他"惩戒亡秦孤立之败，于是剖裂疆土"，分封宗室子弟作为中央政府的屏障。

影响刘邦决策的另一个重要原因则是人之常情。中国王朝的历史是由"家天下"开启的，说得更直白些，"一人得道，鸡犬升天"，刘邦称帝之后自然不会亏待宗室，给子弟封王拜侯也就是人之常情了。

所以，刘邦以同姓子弟取代异姓王拱卫汉室藩翼，既是他避免重蹈秦亡覆辙的折中的办法，也满足了他个人"家天下"的私心。

在位8年间，刘邦不遗余力地执行"既削又立"的藩王政策。在其执政末期，7位异姓诸侯王仅有长沙王吴芮幸免。长沙国地处偏远、实力偏弱且对汉朝唯命是从，刘邦自然没有必要对其大动干戈。

与此对应的是，刘邦在晚年又分封了7个同姓诸侯王，此消彼长之下，刘姓诸侯王遍布天下。为防止异姓王祸乱后世，刘邦还与群臣订下白马之盟，"非刘氏而王，天下共击之"。由此，西汉的王国分封制度由因功封王变为因亲封王，且将分封对象限制在刘氏皇族之内。

从西汉初年的社会发展来看，刘邦此举无疑是开对了药方。

由血缘凝聚而来的强大向心力很快发挥了作用。公元前196年，淮阴侯韩信、梁王彭越被朝廷诛杀，淮南王英布担心落个兔死狗烹的下场，举兵造反。刘邦此时染病在床，无力亲征。荆王刘贾、楚王刘交成为迟滞叛军攻势的第一道屏障，英布兵锋因此暂缓。后来刘邦御驾亲征，迅速平定了叛乱。

此外，宗室诸侯王在后来平定诸吕之乱、七国之乱中也发挥了巨大作用。从这点上来说，同姓王的政治价值不可谓不巨大。

尽管部分宗室侯王不具备军事才能，但血缘宗法限制了他们的叛乱决心。面对外敌，汉廷也不必担心这些诸侯王临阵叛逃，反戈一击。通过下放权力，西汉政府能够更好地控制各地，维护国家的整体统一和稳定。

除了拱卫中央，这些同姓诸侯王对社会经济的发展也大有裨益。

秦末连绵的高强度战争消耗了海量的人力物力，初创的汉王朝可以说是穷得掉渣，连皇帝都找不到四匹颜色一样的马。刘邦因此采纳谋士建议，实行休养生息、无为而治的政策，这些政策不只在朝廷直属的郡县实行，各地的诸侯王也不折不扣地执行了朝廷的大政方针，他们在封地内恢复社会秩序、发展生产，使汉初凋敝的经济很快复苏。

作为中国历史上第二个大一统的朝代，西汉走上了一条独创的"郡国并行"之路。事实证明，这条路行得通。

刘邦当然也清楚时间会稀释血缘，王权会侵蚀皇权，总有一天，后世皇帝会面临周朝"花瓶天子"的尴尬。饶是刘邦这样的雄才大主也无法突破历史的局限，他所能做的也只是夯实地基，为西汉中央解决诸侯王问题争取更多的时间。

第二章　削藩的阴阳两面

单论手段，削藩可以花样百出，有巧取豪夺，也有阳予阴夺；有"杯酒释兵权"式的速成法，也有推恩令般的温水煮青蛙，手段万千，折射出的都是削藩的阴阳两面。

　　阳的一面，中央政府以武力为资本，与地方势力开门见山。居高临下的武力震慑有时可以收到奇效，兵不血刃地实现削藩。当矛盾不可调和时，双方也会兵戎相见。所以，削藩的阳面总是惊心动魄，隐隐透出一股血腥味。

　　阴的一面，权谋代替武力，以藩王的服从义务为前提，利用诏令、制度、方针等，或防患于未然，或解决于发轫之初，或推行于尾大不掉之际，总而言之，阴面布满权谋，较之武力温和不少，却也有杀人不见血的效果。

　　阴阳不是绝对孤立的，两种方式可以各行其道，也可以相辅相成，目的都是强干弱枝。因此，"枝干"长势决定了中央政府是要阴还是阳，或是阴阳调和。不知己不知彼的情况下盲目削藩，后果可能万劫不复。

手里有锤子，看谁都是钉子

自秦汉以降，中国的大一统王朝无不面临中央与地方之间的权力冲突。在削藩情境下，中央政府要收权，地方藩镇要留权，双方表面上虽为君臣，本质上势同水火，矛盾不可调和时，占据武力优势的中央政权往往会动用武力，以快刀斩乱麻，迅速解决割据藩王。

西汉初年的国情便是如此。

战胜项羽后，刘邦一统天下，却不能让天下归心，对他来说，盘踞在全国各地的七个异姓王就有七条心。刘邦不是"傻子"，当然能感受到来自诸侯国的威胁。这七王分开来看其实力有强有弱，其中只有楚王韩信能跟刘邦"掰掰手腕"，其他各路诸侯皆不足为惧。可一旦他们联合起来，刘邦也未必能够招架。

为了避免夜长梦多，刘邦皇位还没坐热就开始削藩，而他所倚仗的正是大汉中央政府的武力资本。

尽管刘邦曾自谦"兵不如韩信精，将不如韩信强"，但从账面实力来看，刘邦拥有击败任何一路诸侯王的资本。领地方面，汉朝郡县数量虽然只占全国总数的三成不到，却远超任何一个异姓王，而且富庶的关中也在刘邦手中。人才方面，刘邦拥有樊哙、周勃等一批猛将，张良、陈平、萧何一众谋士更是群星闪耀。尤为重要的是，刚从楚汉战争中淬炼而出的南军、北军兵锋正盛，且对汉朝中央政府足够忠诚。

拥有这一切的刘邦当然能使出武力削藩这一狠招。

为了师出有名，避免予人口实，刘邦在动武之前往往会采用政治高压手段，有意无意逼迫诸侯王主动造反，自己则携王师行霹雳手段，火速平叛。

燕王臧荼是这套组合拳下的第一个亡魂。

臧荼本是燕人，秦末农民起义时他在燕王韩广手底下效力。灭秦大业中，臧荼随项羽一道进入咸阳城，成为楚霸王的心腹大将。为了控制燕地，项羽将燕王韩广的封地定在辽东，旧燕国的核心区域则交给臧荼。这等于是直接给韩广和臧荼制造了矛盾，双方很快兵戎相见，韩广身死，臧荼取而代之，成为新的燕王。

楚汉相争时，臧荼迫于汉军压力改弦更张，抛弃项羽并和刘邦站到一起，因此，汉朝建立后刘邦保留了他的燕王爵位。

汉五年（前202年），刘邦称帝，同年七月，燕王臧荼举兵反汉。

都说成大事者要学会韬光养晦，臧荼为何迫不及待地造反？对此，史书中没有给出理由，后人根据其他历史细节，推测臧荼谋反应是出于恐惧。

他恐惧的正是皇帝陛下。

成王败寇自古皆然，刘邦称帝后猛追穷寇，对项羽旧部进行了大面积清洗，甚至连丁公这样对自己有恩的"敌人"他也是不留情面，杀了不说，还指责丁公"为项王臣不忠，使项王失天下"，并告诫属下"使后世为人臣者无效丁公"。

臧荼听到这样的话必定是胆战心惊。丁公背叛项羽，好歹还在追击战中放过刘邦一马。我自己呢？先是背叛韩广追随项羽，为了燕王的爵位还杀了韩广，后又背叛项羽追随刘邦，这样的履历不迟早是个死？

先下手为强，后下手遭殃。面对咄咄逼人的大汉朝廷，臧荼来不及韬光养晦，只得举兵谋反。

史书中的另一个细节也能佐证刘邦是在有意逼反臧荼。据《汉书》记载，臧荼举兵之前就已有人告发，刘邦此时却按兵不动。等到臧荼起兵时，刘邦才从容不迫地亲率大军征讨，不到三个月便平定叛乱。

在强大的武力保障下，刘邦几乎可以毫无顾忌地削藩除王，而他需要做的，只是给诸侯王安上一个适当的罪名。

公元前197年，刘邦率军前往代地平叛，依照惯例向梁王彭越征兵。巧的是，彭越此时正在病中，不能亲自前往，只派了手下大将领兵参战。作为臣子，彭越做得已经够周到了。但刘邦并没有体谅彭越，不过问病情也就算了，还为此大发雷霆，特地派人去责备彭越。

生病之人本就脆弱，彭越为此胆战心惊，连到刘邦那儿谢罪的勇气都没有。后来有人诬告彭越谋反，刘邦也不听彭越辩解，二话没说就设计将他逮捕。彭越先是被贬为平民，不久之后便遭杀害，三族尽诛。

手里有铁锤，看谁都是钉子，淮南王英布的遭遇同臧荼类似。尽管刘邦在英布反叛后表现出了一丝惊讶，却也掩盖不了他逼反英布的用心：梁王彭越伏诛后，刘邦将彭越剁成肉酱分示各诸侯王，英布也收到了属于他的那份。史载英布当时正在打猎，看到刘邦赐予的"礼物"后几乎魂飞魄散。从那刻开始，他就下定了叛乱的决心。

可能是低估了英布的实力，刘邦这次平叛颇费周折，战争拖到第二年才尘埃落定。最终英布败逃，淮南国除，刘邦又完成了一次彻底的武力削藩。

兵者，不祥之器，对中央王朝来说，见诸刀兵并不是最期待的那个结果。所谓"武力震慑"重在震慑而不在武力。刘邦与诸侯王兵戎相见当然不是削藩的最佳选择，但分析汉初的国情，这似乎也是为数不多的手段。如果仅凭中央政府的震慑就能让诸侯王乖乖交出兵权和封地，那说明这些藩王还没到非削不可的地步。

在解除异姓诸侯王威胁之后，大汉王朝并没有停止削藩。公元前195年，刘邦去世，新皇年幼，太后吕雉逐步掌握权力。此时西汉政府并没有大规模削除同姓王的计划，但在吕雉党同伐异的执政过程中，不少刘姓诸侯王也跟着遭殃。

与刘邦时代不同的是，此时的刘姓诸侯王一方面受血缘宗法束缚，另一方面受封不久，还没来得及"猥琐发育"，与汉朝中央实力悬殊，面对吕后的"削藩"，几位诸侯王的情形可以说是一边倒地任人宰割。

齐王刘肥坐拥齐地七十余城，实力在各诸侯国之上。吕后本想用毒酒除掉刘肥以绝后患，刘肥命大，没有喝下，但也为此忧心忡忡。为了表现自己的臣服，刘肥将齐国的城阳郡献给吕后的亲生女儿鲁元公主，并且还认公主为自己的干妈。割城献地也就罢了，刘肥本是刘邦的庶长子，与鲁元公主同辈，认她为干妈等于是甘愿伏低做小，一点脸面都不要了。

刘肥自己"动刀割肉"虽然可怜，但好歹保住了性命。跟他相比，吕后朝数任赵王的下场那才叫凄惨。第一任赵王刘如意被吕后毒杀；第二任赵王刘友被吕后囚禁，活活饿死；第三任赵王刘恢实在受不了吕后的高压，选择自杀。刘恢死之后，吕后不再新立赵王，名正言顺地削掉了赵国。

吕后削藩固然只为一己私欲，但从削藩过程中刘姓诸侯王的表现来看，武力震慑下的和平削藩是成本最小也是见效最快的。这一手段常见于王朝建立初期，且皇帝急于解决藩王问题之时。此时国力强盛，藩王尚未壮大，中央与地方存在明显的实力差距，尽管存在一定的风险，总体来说削藩的成功率极高。

削藩本质上是夺权，有时甚至是要命，面临绝境的藩王往往会拼死一搏，皇权与王权还得时常在战场上分高下。但在强干弱枝的局面下，藩王们的反抗最终也只是拖延了削藩的进度，震慑失效后的武力兜底让藩王几乎没有翻盘的可能。后世王朝中，北宋太祖赵匡胤打击藩镇、清圣祖康熙裁撤三藩，都是在王朝建立初年背靠武力资本完成削藩的。

当然，历史也有意外。偶尔，藩王的奋力一击也能收到奇效，其中最著名的案例当属朱棣造反。

后世常说建文帝削藩"操之过急",其实单从削藩时机上说,建文帝的做法只不过是在沿袭王朝旧历。作为大明的第二任君主,他拥有的武力资本并不弱于其他朝代的削藩皇帝。削藩前期,周王、代王、齐王、湘王无不束手,这也是中央朝廷威慑力的最佳证明。只是建文帝可能也没想到,远在北平的四叔朱棣能够冲破皇帝设置的一道道囚王锁,并举起"清君侧"的大旗奉天靖难。再加上建文帝用人、指挥上的一系列致命失误,最终让削藩断送了自己的皇位。

为什么说硬"怼"不如软磨

如果把武力震慑看成削藩大旗的阳面，那么这面大旗的另一面则满布权谋。二者目的一致，却有着截然不同的表达方式。

藩王与中央政府之间存在天然的隶属关系，哪怕皇位上坐的是"花瓶天子"，那也是名义上的天下共主。这种隶属关系决定了藩王的服从义务，从法理上来说，藩王需要听从皇帝的诏令，也就是说，在双方没有撕破脸皮之前，皇帝的意志本身就有约束和削弱藩王的作用。

前文中我们讲过刘邦武力削藩的事迹，事实上，他在位期间最成功的削藩并非诉诸武力，而是运用权谋，解决的还是自己的心腹大患。

这次削藩的对象是楚王韩信，异姓王中实力最强的一位，也是刘邦对外展示强大权谋的背景板。

作为"汉初三杰"之一，韩信可谓武德充沛。刘邦困守汉中时，是韩信及时出现，敬献"汉中对"，之后他明修栈道，暗度陈仓，迅速平定三秦。楚汉相争时，韩信率军横扫各路义军，并且多次挽狂澜于既倒。蒲坂之战，他声东击西拿下魏国；在井陉口，韩信背水一战大破赵军；潍水之战，韩信更是封神，水淹齐楚联军的同时还阵斩楚将龙且；最后，也是韩信在垓下布下五军大阵，亲手将项羽送上了黄泉路。

明嘉靖朝著名武将茅坤称韩信为"兵仙"，赞其用兵如神，已至仙人境界。

面对这样的对手，刘邦当然也知道不能用蛮，只能用巧，或者说用权谋。在打压韩信这件事上，刘邦的权谋已臻化境，简单来说就是八个字：步步为营，出其不意。

公元前202年1月，安葬项羽之后的刘邦就做了一件让人始料未及的事：当天，他亲自骑马闯入韩信的中军大营，趁后者熟睡，直接拿走了大将军兵符，夺了韩信的所有兵权，改拜相国。

这是刘邦打压韩信的第一步。当时的韩信手握重兵，代理齐王，刘邦担心韩信生变，连称帝都顾不上，先把这个用兵如神的大将军给撤掉。

正式称帝后，刘邦论功行赏。刘邦自己说出去的话又不能咽回去，韩信功高，理当封王。刘邦留了个心眼，齐国有七十余城，国大权重，不能给韩信，于是改封韩信为楚王。楚地原是项羽的大本营，韩信又是打败项羽的最大功臣，让韩信统治一帮恨他入骨的楚人，这便是刘邦打压韩信的第二步。

刘邦的计划当然不止于此。坐封楚地的韩信仍是一方诸侯，威胁中央。刘邦不是没想过以武力震慑的方式来削藩，但手下谋士一再提醒他，韩信兵精将强，武力削藩的后果我们承受不起。

于是，刘邦再用权谋，给了韩信最后一击。

公元前201年，韩信受封楚王后的第二年，谋士建议刘邦假装巡游云梦泽，皇上驾到，楚王不得亲自迎接吗？"谒而陛下因禽之，此特一力士之事耳"，只要韩信出来迎接，安排一个武士就能解决他。刘邦采纳了这个建议。

就这么简单的出其不意，韩信却再次上当了，果真束手就擒。不过这一次刘邦没有放过他，韩信先是被贬为侯，不久便被诛杀。

刘邦诛杀韩信一例足可证明，武力削藩与权谋削藩对王朝的适配条件之一便是双方的实力差距。一个朝代，无论它是立足未稳还是承平日久，削藩前必须要考量藩王的实力，稳健的削藩政策应当避免任何足以颠覆政权的风险，这也是许多王朝成功削藩的心法。

反面教材当然也是大量存在的。

唐朝建贞年间，唐德宗李适决定削藩，起初唐德宗只把矛头对准成德、魏博、平卢、山南东道，由此引发"四镇之乱"。好在朝廷与勤王藩镇武力占优，叛乱眼见平息。就在这时，唐德宗却被胜利冲昏头脑，认为朝廷可以一劳永逸地解决藩镇割据难题。于是，他立马掉转枪头，将削藩扩大化，连在平乱中为朝廷出过大力的幽州镇也被倒打一耙。

这一昏着直接逆转了形势。原本已近平息的"四镇之乱"再起战火，幽州节度使、淮西节度使、泾原节度使纷纷加入叛乱。唐德宗悔之不及，叛军将他从长安赶往奉天（今陕西乾县），不久，唐德宗又逃至梁州（今陕西汉中），一路只见仓皇不见帝王。

为了平息节度使的怒火，唐德宗发布了那道著名的《奉天改元大赦制》，这一诏书被后世称为最委屈、最恳切的"罪己大赦诏"，诏书中，唐德宗将自己狠狠地骂了一通，并且做出既往不咎和承认现状的许诺。

参加叛乱的节度使志不在推翻大唐，于是，他们接受了朝廷的条件，叛乱逐渐平息。

唐德宗在削藩上的重大失误遗患无穷。这次削藩失败后，李唐王朝的威严再次被削弱，藩镇势力借机野蛮生长，尽管后代君主多次尝试削藩，但尾大不掉的藩镇顽疾已经无药可治，最终埋葬了大唐。

武德不彰并非决定削藩方式的唯一条件，更多的时候，朝廷会根据形势的急迫性来匹配恰当的削藩方式。简而言之，如果藩镇并非心腹大患，甚至还有一定的价值，此时采用武力斩草除根反而得不偿失，但朝廷又不能放任藩王坐大，遗祸后世，面对此种情境，权谋的价值就能得以彰显。

权谋不一定是阴谋，有时也可以光明正大，也可以"奉天承运，皇帝诏曰"。

譬如，西汉建国伊始，刘邦仿效周王室分封同姓诸侯王为汉廷镇守四方，同时他在西周分封制度的基础上增加了不少对诸侯王的限制。刘邦所期待的，是让朝廷的触手能够全方位地操控各诸侯国，如同一道道紧箍咒，防止诸侯王日后与中央政府离心离德。

第一道紧箍咒是对诸侯国相权的任免。高祖时期，诸侯国的丞相都由朝廷直接任免，地方无权插手。丞相不光可以统领诸侯国的官吏，也可以顺便监察诸侯王。皇帝可以通过这一任免强化对诸侯王的控制，比如刘邦派心腹谋臣曹参出任齐国丞相，又如燕国丞相温疥就提前向皇帝预警了臧荼的谋反。

除此之外，汉政府还在各种细枝末节上"吹毛求疵"，以达到削弱诸侯王的目的。比如，据出土的汉简记载，朝廷禁止汉朝郡县官吏归附诸侯王，一旦犯下便认定为谋反，并处以腰斩之刑，家属不分男女老幼一律弃市。为防止郡县人口流向诸侯国，政府严管治下的直属百姓自由流动，如果有人引诱百姓迁徙到封国，根据法律首犯将被处以磔刑（肢解身体）。除了人口，黄金、马匹等战略物资也在政府严格管控之内。

显然，在西汉前期，中央政府一直将诸侯王当成潜在的战争对手，因此不吝烦琐也要将威胁降到最低。

权谋不能代替武力，但它能够弥补武力削藩的滞后性和局限性，可以惩前毖后，防患于未然。有时，对症下药的削藩政策甚至能从根源上杜绝诸侯王的祸乱。

曹魏时期的权谋削藩便是这样一个典型，利用国家层面的制度设计，魏文帝曹丕成功消弭了宗室藩王的潜在威胁。

逼迫汉献帝禅位之后，魏主曹丕总结两汉灭亡的教训，推出了两项有针对性的政策：一是严格限制外戚、宦官干政；二是防范同姓王作乱。

在第二点上，曹丕创造了封建时代极佳的权谋削藩版本。

首先，对宗室子弟，曹丕只虚封不给实权。也就是说，曹魏的诸侯王们没有任何治理封国的权力。西汉初年，政府只是控制诸侯国高级官员的任免权，到曹丕这儿，封国内的全体官员都由朝廷任命。至于更为重要的军权，诸侯王更是没有染指的可能，封国内顶多只有几百人的护卫，甚至连保护自己都很困难。

其次，曹丕有意将贫瘠之地分封给诸侯王。贫瘠的土地往往无法提供足够的兵源和财源，这也从根本上断绝了诸侯王割据一方的可能。曹丕抠门儿到什么程度呢？他封弟弟曹植为鄄城王（今属山东菏泽），食邑2500户。要知道，西汉大将卫青打了一场胜仗，汉武帝大手一挥就封他为长平侯，食邑3800户，终其一生所获封邑更是在两万户左右。作为堂堂诸侯王的曹植仅有两千多户食邑，也难怪他忍不住在《迁都赋序》中大发牢骚："连遇瘠土，衣食不继。"衣食不继的曹植当然知道这并非哥哥给自己穿小鞋，因为他的封地在所有诸侯王中排名甚高，待遇相当不错。

最后，曹丕使出了更绝的一招。为防止诸侯王长期扎根一地，与当地宗族和官员沆瀣一气，威胁中央，他会不定期地改变诸侯王的封号并更换封地，这使得诸侯王无法积累势力。除此之外，他还禁止诸侯王之间见面联络，也不准随意豢养门客或四处走动。束缚缠身的诸侯王甚至比不上普通贵族世家，坐享富贵都难，更别说犯上作乱了。

曹魏利用权谋将诸侯王的权利削到极致，终其一朝也没有藩王为祸的隐忧。只可惜，孱弱的宗室同样无法为君解忧，势单力薄的第四任君主曹髦只能率手下几百奴仆与司马氏硬拼，最终落得个血溅街头的下场。

当然，这是后话。单从削藩角度而言，曹魏的权谋无疑是成功的，后世唐、宋、明、清对此也多有借鉴。

从曹魏削藩的案例中我们也可以看出，权谋应用的时机至关重要。谋之于前，可以防患于未然，所谓"不治已乱治未乱"正是如此。

刘邦对同姓诸侯王的限制也有此类考量，只是他的权谋设计治标不治本，虽然能够暂时缓解权力分割带来的疼痛，却不能直击病根。历史滚滚向前，云谲波诡，只要病根还在，祸源就在。刘邦之后，几代君主轮流御极，这疼痛逐渐频繁且加剧，很快就到了不得不根治的地步……

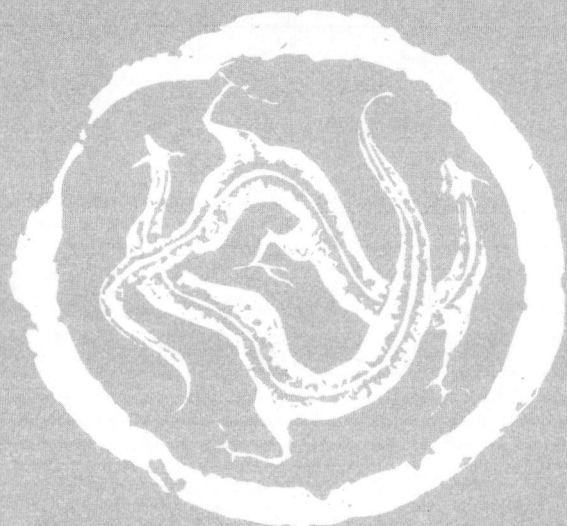

第三章 如何用好藩王这把双刃剑

刘邦去世后，汉朝在诸吕的阴云笼罩下艰难维持，城头大王旗随时可能变换颜色。幸运的是，刘邦打造的宗室屏障在诸吕之乱中力挽狂澜，刘氏江山起死回生。

因此，面对同姓藩王，汉文帝突然有了"要削又不能削"的尴尬。

郡国并行制下，诸侯王国一步步膨胀，演变成了一个个半独立的国中之国。眼看就有强枝弱干的威胁，朝廷自然要对诸侯王国进行削夺。

而汉文帝又有不能削藩的尴尬。皇帝的身份、高祖的遗训及诸侯王的功劳，一道道枷锁束缚着汉文帝，使他不能贸然举刀。

无奈的局面就此铸成：忠诚的藩王拯救刘氏江山，凶猛的藩王威胁朝廷安危，大汉走到了削藩的十字路口。

为什么汉文帝不敢削藩

公元前 180 年，汉高祖第四子刘恒登基，成为汉朝第五任君主，是为汉文帝。

皇位还没坐热，刘恒就遭遇了一起突如其来的变故：自己的弟弟、淮南王刘长挟私报复，竟公然带人杀死了辟阳侯审食其，而且受害人就死在自己府上。

这是一件毫无争议的入室谋杀案。证人证言俱在，元凶首恶刘长也向汉文帝自首——击杀审食其后，刘长策马赶到皇宫，向汉文帝坦白了杀人事实，并且全无愧疚。

如果真按朝廷律法办事，刘长罪无可恕。提前预谋、入室行凶、不知悔改，更别说受害者是列侯之一、曾任朝廷左丞相的审食其。

汉文帝没按律法办事，他赦免了刘长，不拘留，不罚款，连句难听的话都没说，让他毫发无伤地返回了封国。

这固然跟刘长的身份有关。刘长是高祖少子，自小受宠，汉文帝登基后也心疼这个唯一存世的弟弟，不可能对他重刑重罚。但让汉文帝不责不咎的真正原因是刘长的坦白：据刘长所说，吕后祸乱刘汉江山，审食其位高权重，明明可以争，却助纣为虐，放任不管。所以杀了审食其是替天下人除害。

于是，"孝文伤其志，为亲故，弗治"。

淮南王杀审食其案暴露出了汉文帝的尴尬难为。作为诸吕之乱中的最大受益人，汉文帝只能默认"诛杀吕氏余孽，有罪也无罪"。又因为刘姓诸侯王在诸吕之乱中"再造大汉"，汉文帝在对待藩王问题上极其谨慎。审食其死后，大臣袁盎以此为切入点，上书劝谏汉文帝，"诸侯大骄必生患，可适削地"，汉文帝连斟酌一下的心思都没有，"弗用"。因为汉文帝明白，哪怕自己为祖宗江山计而削藩，那也是"无私也有私"。

汉文帝尴尬的根源在于他继承皇位的方式。

吕雉死后，齐王刘襄（刘肥长子，高祖孙子）在齐国举兵讨吕，大将军灌婴受相国吕产之命率兵迎战，未曾想灌婴临阵倒戈。刘襄的弟弟刘章与一帮汉臣设计夺了吕氏兵权。两边里应外合，诸吕倒台，吕氏族人不分男女老幼尽遭屠戮。

功臣集团原本许诺让刘襄继承皇位，由于刘襄的舅舅家势力极大，群臣担心再现诸吕之乱，便决定改立远在代国，已经成年，且为人宽厚、与世无争的刘恒入继大统。

《道德经》里说，以其不争，故天下莫能与之争。作为藩王，不争的刘恒是幸运的，吕雉当政时残害刘邦的其他皇子，由于刘恒为人谦逊，其母亲薄姬对吕后也向来敬重，母子二人因此逃过一劫，顺利前往代地就藩。这一次，又因为刘恒从未觊觎皇位，功臣集团反而认为他可靠，非要把他抬上龙椅。

可作为皇帝，初登大宝的刘恒又是不幸的。他是宗藩入嗣的皇帝，在平乱中又无尺寸之功，谈不上任何威望，自然难以服众。齐王刘襄等功勋诸侯王更是不忿：你是宗藩，我也是宗藩；你是高祖第四子，我的父亲却是高祖长子；你在吕氏乱政时毫无作为，我却是出钱、出力、出兵。凭什么你做皇帝？

如果不能拢聚人心，平衡各方利益，汉文帝的皇位势必将难保。对于这点，后世昌邑王刘贺最有发言权。刘贺受霍光辅佐以宗藩入嗣，在立足未稳的情况下，他坚持要除掉权臣霍光，最终落得个被废黜的下场，在位仅27天。

正因如此，刘恒继位之后对宗室子弟多以优容安抚为主。可能是急于照顾各方利益，汉文帝的安抚甚至超出了必要，有矫枉过正之嫌。

登基那年，刘恒废除了吕后时期所封的燕、梁、琅琊、常山、济川等国，并且重新划定"非刘氏不王"的分封红线。此时，一个绝佳的削藩时机就摆在他眼前。

吕后时新封的藩地大多是从刘姓王那里巧取横夺而来，比如琅琊原属齐国，常山原属赵国。此时吕氏十侯三王都已覆灭，只要刘恒愿意，他可将这些侯国、王国尽数收归朝廷。毕竟这是从吕氏手中夺来的地盘，划作汉郡名正言顺，哪怕个别同姓王不服气，也不能明面上埋怨什么。

但刘恒没有这么做。登基后，他立刻将"吕氏所夺齐、楚地尽归之"，城阳、济南、琅琊三郡还给了齐国，薛郡还给了楚国。前代赵王刘友不是人死国除了吗？刘恒也很贴心，他把赵王头衔又封给了刘友的儿子，让刘友一脉继续统治赵国，并且将吕后夺走的常山还给赵国。跟汉高祖时期相比，除了淮阳、梁因无后国除入为汉郡，其他诸侯王国基本恢复如前。

看起来像是矫枉过正、饮鸩止渴，实际还是无可奈何。刚当上皇帝的刘恒需要各方势力的支持，贸然削藩会带来不堪设想的风险，为了夯实地位，刘恒只能暂时妥协。这也是为什么他直接否定了袁盎的削藩建议。

除了身份上的尴尬，汉高祖遗留的治国家风也时常让汉文帝左右为难。刘邦在分封时就强调"天下同姓一家"，同时以"孝"为宗族纽带增强子弟的凝聚力，用伦理来调节皇权与王权的关系。刘邦是这么想的，也是这么干的。他对异姓王手段残酷，没罪的都要除国夷三族；对同姓王，他却总能手下留情。例如，代王刘喜在匈奴入侵时临阵脱逃，按律当斩。刘邦得知后也是勃然大怒，只是雷声大雨点小，刘邦最终"不忍致法"，将哥哥从轻处罚，贬为合阳侯。

汉文帝本就是个至诚至孝的人，一个个诸侯王就是一个个亲人。哪怕有削藩利刃在手，他也无法痛下杀手。历史学家钱穆用一段话道尽了皇帝的尴尬：

　　文帝以代王入主中朝，诸王在外者，非其长兄，则其伯叔父。廷臣皆高祖时功臣，封侯为相，世袭相承。文帝即由廷臣所立，强弱之势，难于骤变。

　　汉文帝仁厚宽容的性格流于史书，却也给后世埋下了祸根。终其一朝，诸侯王谋乱并不少见，对这样"十恶不赦"之罪，刘恒从不诛杀祸首。吴王刘濞称病不朝，有失王藩臣之礼，刘恒却赐给他一根拐杖，还替其开脱："老了，不朝就不朝吧！"

　　可以看出，在汉文帝这里，"孝"已经不是一根纽带，而是一种束缚。被"孝"包裹的宗室里只有大宗和小宗的区别，诸侯王认皇帝为族长，那族长就只能在诸侯王犯错时实行家法。如果诸侯王安守本分，那王国与朝廷就是特殊的国与家的关系，朝廷当然不能干涉诸侯国内政，更不要说削藩了。有学者甚至认为，汉景帝时代的"七国之乱"就是诸侯与皇帝对"家"内涵的理解不同导致的。

　　一边是战战兢兢、如履薄冰，另一边则是恃宠而骄、变本加厉，西汉朝廷的宗藩顽疾没有丝毫缓解。汉文帝仍在暗中蛰伏，为彻底解决权力架空问题积蓄力量，与此同时，诸侯王也在野蛮生长。郡国并行之下的刘姓宗室逐渐长出了獠牙，而且凶猛异常。

藩王出现"刺头"怎么办

18年，仅仅18年，西汉宗藩中第一个造反的"刺头"就出现了。

公元前177年，汉文帝前元三年，趁匈奴大举入侵之际，济北王刘兴居突然起兵作乱。与明朝靖难之役中的叔侄操戈相反，刘兴居是以侄子的身份公开挑战叔叔刘恒的皇权。

刘兴居造反的原因很简单：诸吕之乱中，他和两个哥哥刘襄、刘章功不可没，朝廷却未兑现当初给他们许下的承诺，大哥齐王刘襄没当上皇帝，二哥刘章也没当上赵王，自己的梁王更是没影。为了安抚刘兴居，汉文帝封他为济北王，但一毛不拔的汉文帝不愿意分疆裂土，只是从大哥刘襄的封地上割了一个郡给他。刘兴居怀恨在心，再加上两个哥哥先后病死，忍无可忍的济北王终于决定与朝廷公开决裂。

这是一场实力悬殊的对决。

济北国名虽为国，实际管辖不过几个县，多不过百万人口。汉文帝压根儿没把刘兴居放在眼里，听闻叛乱后，他从太原前线返回长安，派棘蒲侯柴武领大军平叛。就在当年，刘兴居兵败被俘，随后自杀。

刘兴居成为汉朝第一个吃螃蟹的人——他开了同姓王造反的先例。此时，汉高祖刘邦入土不过18年，"王同姓以填天下"的分封版图首次出现裂痕。

很快，第二个挑战皇权的诸侯王也出现了。公元前174年，汉文帝那个骄纵不法的弟弟又闹事了。这次刘长闹得更大，他自称"东帝"，并联络匈奴、闽越等少数民族政权，意图谋反。所幸朝廷及时发觉，刘长束手就擒。

两次叛乱同时说明了一个严峻的问题："同姓天下一家"只是幻影，血缘宗法的凝聚力将会持续走弱。好在这时诸侯王羽翼还未丰满，朝廷平叛如摧枯拉朽。一旦双方差距缩小，抑或诸侯王之间纵横联合，鹿死谁手哪里可知。

不幸的是，刘邦设计的是一套存在缺陷的就藩政策。郡国并行之下，封国名义上隶属于朝廷，却拥有几乎等同于汉朝政府的特权，由此，各诸侯王纷纷开始野蛮生长。

首先，政治上诸侯国自置百官，逐步脱离朝廷控制。

刘邦时代派驻到各诸侯国的丞相还能仰仗天子威严行使职能，随着时间流逝，法制衰弱，诸侯国便不再把他们当回事，有的诸侯王会驱逐甚至杀害丞相。比如淮南王刘长，他赶走了朝廷派来的丞相不说，还向汉文帝索权，要自己任命封国内的所有官员。因是皇亲，诸侯王本就容易骄悍。

汉初，朝廷曾在丞相的基础上增加了"二千石以上官员皆由中央派遣替补"一条，但这一政令同样没有被贯彻。胶西王刘端对朝廷派来的官员百般陷害，能够落实罪名的就治罪，抓不到把柄的就毒杀了事。史书记载，"胶西小国，所杀二千石甚重"。

从自置百官开始，诸侯王逐步摆脱朝廷的政治控制，极大地扩容了自身的腾挪空间，形成了事实上独立于朝廷的"国中之国"。

如果只是自行任免官员，诸侯国还没有犯上作乱的资本，毕竟谋乱凭的是武力，是要真刀真枪上阵厮杀的。

那诸侯国的军事实力如何呢?

汉初,中央担心诸侯王拥兵自重,规定"王欲发兵,非有汉虎符验也"。也就是说,诸侯王要发兵,必须持有朝廷的虎符,看起来诸侯王不能独立掌兵。

但是,囿于汉代地理隔绝,通信受限,虎符调兵制显然无法适应战争的实际需求。再加上刘邦分封同姓王本就是为了"屏障中央",不可能褫夺藩王们随机应变的权力,所以朝廷限制藩王的调兵制度也就不可能真正落实。

军事指挥权旁落还不算,朝廷对诸侯王的武装力量也未做出严格限制。史书记载,协助朝廷平定英布叛乱时,齐国曾出动车骑十二万,由此可见诸侯王兵力之盛。七国之乱中,吴王刘濞也曾自夸:"敝国虽狭,地方三千里,人虽少,精兵可具五十万。"一个吴国尚且如此,参与叛乱的其他诸侯国必定也有不弱的军事实力。

诸侯国在军事上的独立对朝廷来说是致命的,这意味着只要诸侯王有想法,可以随时举兵造反,进可攻退可守,与敌国无异。据《二年律令》记载,汉初朝廷的郡县与诸侯国之间存在明确的边境线,各个重要关卡则有兵士常年驻守。这说明,中央和诸侯国已经更像是两国而非上下级,诸侯国的独立性可想而知。

作家郭建龙在他的著作《中央帝国的财政密码》一书中说过,看到财政方面的演化和失衡,才能真正了解一代王朝为什么兴,为什么亡。财政决定王朝兴衰,同样也是汉初诸侯国迅速崛起的密码,如果说政治和军事是诸侯国的两叶船帆,那吹动它们的一定是充足的财力。

汉初,朝廷对诸侯国政治、军事上的限制不算成功,但至少做出过努力。在经济上,汉政府则完全放任自流,几乎不做任何干涉。

西汉前期的诸侯王不光是地方上的土皇帝,也是封国的首富。他们可以在辖区内征收朝廷规定的各种赋税,如土地税、人头税。诸侯王只需要上交很少的一部分充作"献费",其余的都可以为王国所用。

对大国诸侯来说,这是一笔可观的常规收入。此外,王国还可以征收盐铁税、采金税、矿产税,这些钱专用于供养王室,又被称作"私奉养"。

财源滚滚的诸侯国财政负担比朝廷要轻，钱多进少出，他们由此积累了大量财富。据史书记载，文帝的儿子梁孝王刘武"府库金钱且百巨万，珠玉宝器多于京师"，钱多得花不完自然阔气，刘武大起楼台，盖了一处方圆三百多里的园林不说，出门也是"千乘万骑"，打猎游玩好不惬意，比起他那节衣缩食的父亲，刘武的铺张可见一斑。

向百姓收税毕竟有个上限，一些家里有矿的诸侯王则能够突破这个上限。汉初，诸侯国可以自行开采境内矿产资源，金山银山唾手可得。吴王刘濞的封国内有铜矿、盐矿，财富取之不尽。外快一多，他就看不上百姓口袋里的那点钱，有时还会免征土地税。饶是如此，吴国的钱"诸王日夜用之弗能尽"。

诸侯国的经济特权往往还能"虹吸"朝廷。由于封国的徭役、赋税较轻，一些远离京师的郡县百姓大量涌入诸侯国定居，人口和劳动力此消彼长，诸侯国又能进一步坐大。

在朝廷下放的诸多经济权力中，铸币权遗祸最深。汉高祖鉴于"秦钱重难用"，便允许民间自行铸钱。可普通百姓糊口都很艰难，哪有铸钱的资本，所以获利最多的还是巨商富贾和诸侯王。他们背靠封国内的矿山疯狂铸币，私钱流通全国。这些滥发的货币收割了西汉郡县的财富，进一步加剧了中央与地方的经济矛盾。

汉初，朝廷的钱袋子一点点被掏空，直到汉文帝登基情况也未好转。财政短缺直接影响了朝廷的对外政策，所以这一时期汉朝在军事上仍偏保守，匈奴屡次南侵，朝廷只能被动防守，并屡屡采用屈辱的和亲政策缓和双方关系。为了筹钱戍边，汉文帝甚至卖官鬻爵，丝毫不顾天子的威严。

另一边，丰厚的财政供养将一个个诸侯国养得膘肥体壮，优抚百官、招兵买马自然不会捉襟见肘。拳头硬了，胆子自然也就大了，诸侯王逐渐与中央离心离德，他们有的弃用皇帝年号，自用封国年号；有的违反礼制不朝皇帝；有的妄自托大，擅用天子礼仪……一切仿佛周朝旧事。

第四章　文景的遗产

作为中国历史上第一个盛世，文景之治意义非凡，它不仅成为历代贤君的治国理想，也为后继之君留下不可胜数的遗产。

推恩令虽然起自汉武帝，它的精神源头却在文景之时。生不逢时的贾谊率先构建出推恩的雏形，借助贾谊，汉朝扯起了制度削藩的第一面大旗。继之晁错，又用一种近乎决绝的方式为大汉的削藩"排雷"。二者思想碰撞出的火花照亮了后世的削藩道路。

留下精神财富的同时，文景二帝又为汉武帝攒下了足够的财政资本，充实了汉武帝的削藩底气。在汉景帝彻底平定七国之乱后，推恩令已蓄势待发，不可阻挡。

推恩令1.0版：贾谊才是祖师爷

公元前173年，汉文帝前元七年，27岁的贾谊奉命离开"卑湿之地"长沙，返回阔别已久的长安城。蛰居长沙3年间，他郁郁寡欢，无限伤感，一连写下《吊屈原赋》《鵩鸟赋》等忧愤之作。返回长安时，不说"春风得意马蹄疾"，他胸中的不平总算是一扫而光了。

汉文帝没有久留贾谊，而是将他派往梁国，充当梁王的太傅。贾谊对这个职位非常满意。虽说他在长沙王那儿做的也是太傅，但有名无实。这次来到梁国，梁王刘揖可是汉文帝最中意的儿子，而且梁国离长安更近，他与皇帝不再山水迢遥了。

在梁王太傅任上，贾谊仍然忧国忧民，建言献策，一如他初见汉文帝之时。诸多国事中，贾谊最操心的还是宗室藩王这颗定时炸弹。

贾谊曾说，天下局势中，"可为痛哭者一，可为流涕者二，可为长太息者六"。他为之痛哭的正是凶猛藩王的巨大威胁。为此，他早早地就把"为朝廷削藩"当成毕生使命。

汉文帝即位不久，21岁的贾谊因在河南郡表现出色被破格提拔为博士（相当于智囊）。这个最年轻的博士很快崭露头角，汉文帝见其胸有丘壑，不到一年便破格提拔其为太中大夫，让他给自己出谋划策。

针对强枝弱干的隐忧，贾谊磨刀霍霍已久。为报汉文帝知遇之恩，贾谊立刻呈上《论定制度兴礼乐疏》，为汉初削藩开下第一剂药方。

不得不说，贾谊也是懂"曲线救国"的。他的这道奏疏一字不提削藩，却句句都是削藩。"改正朔，易服色，法制度，定官名，兴礼乐"，这些改革方案有的看起来无伤大雅，如"改正朔"，这不过是新王朝对历法和节日的重新拟订。有的方案甚至还有些莫名其妙，如"易服色"，管天管地怎么还管到穿衣服上了？

细读奏疏才能看明白，贾谊其实是在迂回进军，兵锋所指仍是诸侯王。奏疏中，贾谊建议用礼制来区分上下贵贱，最终达到"下不得疑，臣无冀志"的目的。这里显然针对的是汉初诸侯王在等级上的僭越。如果等级分明，那处于金字塔尖的皇帝就能拥有绝对权力，下面的人自然没有二志。

贾谊还事无巨细地附上了操作细则，建议汉文帝从名号、旗章、礼仪、冠履、衣带、环佩、车马、器皿等方面划分等级。是什么身份就用穿什么衣服，用什么物件，正所谓"下不凌等，则上位尊；臣不逾级，则主位安"。贾谊希望借此树立皇权的绝对威严，从礼法上削弱同姓诸侯王的独立性。

用礼仪确定等级，用制度保障礼仪，所以后世多以"外儒内法"来定性贾谊的治国思想。这并不奇怪，贾谊的老师是汉初丞相张苍，张苍是荀派儒家的代表人物，荀子虽说被归为儒家，但他本就主张"礼法并施"，徒弟中有张苍这样的大儒，也有李斯、韩非子这样的法家翘楚。

从这道奏疏开始，贾谊第一次感受到什么叫生不逢时。汉初，皇帝多信奉"黄老之道"，主张无为而治，汉文帝尤甚。外儒内法的政治举措显然不合汉文帝心意，另外，汉文帝总感觉时机不对，不敢逆势而为，就把奏疏搁置了。贾谊浪打空城，心中落寞可想而知。

袁盎提议"削诸侯王土地"的确是激进了些，汉文帝不同意情有可原，但贾谊的"别贵贱"明显温润无害，汉文帝还是不同意，甚至怯于尝试，也怪不得海瑞在其千古第一疏中称赞汉文帝为贤君的同时，又批评汉文帝"优游退逊，尚多怠废之政"。

贾谊也有韧劲，一招不成就再想一计，反正是不停地上疏，不停地谏言。哪怕是受同僚排挤被外放到长沙，他还是下笔千言，上达天听。当时诸侯国私钱泛滥，远在长沙的贾谊可能也见过几经流转的私钱，他认为大事不妙，于是呈上《谏铸钱疏》劝汉文帝改革币制。

淮南王刘长作乱后，贾谊清楚削藩已成刻不容缓之势。与此同时，他终于离开长沙，虽说没能留在京畿，虽说文帝"不问苍生问鬼神"，贾谊仍然抱定决心，以外臣身份唤醒汉文帝对诸侯王问题的警惕。

为此，他写下了那篇被毛主席夸赞为"西汉一代最好的政论"的《治安策》，并上奏汉文帝。

奏疏中，贾谊用一个通俗的比喻阐释了削藩的急迫性。他说，现在的天下就像是患了浮肿，小腿肿得像腰一样，脚趾粗得像大腿一样。小腿和脚趾代指同姓诸侯国，意思是，现在本末倒置，诸侯王已经能够跟中央分庭抗礼了。

贾谊不无忧虑地劝诫汉文帝，现在一些诸侯王还小，等到他们长大，血气方刚，朝廷更难管制，到时候"虽尧舜不治"，一旦干枝均势甚至强枝弱干，浮肿发展成癌症，"虽有扁鹊"也无能为力。

为解君忧，贾谊创造性地提出了"众建诸侯而少其力"的"割地定制"方案，即在诸侯王原有封地内增加王国。蛋糕还是那块蛋糕，让吃的人变多。这样一来，王国小了，就没有力量跟中央抗衡，诸侯王也能死了那条犯上作乱的心。

贾谊还提出了"割地定制"的大概方略：齐、赵、楚三个大国势力庞大，让三王的子孙依次受封先人的土地，直到分完为止，对燕国、梁国等小国也要这么做。有的诸侯王封地大子孙少，那就先搁置，等他们儿孙多了再封。总而言之，不拿诸侯王一寸土地，不分诸侯王一户人口，一切只为天下太平。

为什么说贾谊的"众建诸侯"极具创造性？在此之前的漫长岁月中，诸侯的爵位一直采用"唯一继承制"，不管是嫡长子继承还是指定继承，都是赢家通吃。贾谊要打破这个传统，让诸侯王的子孙们对于爵位和封地都能雨露均沾。

公元前127年，汉武帝刘彻颁布推恩令，规定诸侯王除了由嫡长子继承王位之外，可以"推私恩"把王国土地的一部分分封给嫡长子以外的子孙，并上报朝廷，由皇帝制定封号，诸侯王无权废除或更改。

汉武帝的推恩令与贾谊的"众建诸侯"有着惊人的相似处，只不过贾谊将推恩提前了40余年，众建诸侯可以称作推恩令的初代版本。

贾谊对"众建诸侯"抱有美好的幻想，认为这能让"天下不乱，社稷长安，宗庙久尊"。

遗憾的是，汉文帝没有做出贾谊期待的反应，又一次搁置了他的建议。明代王夫之对此也有解释，他觉得，当时天下初定，诸侯王强大，吴、楚这些大国骄悍跋扈，根本不会听天子指挥。

汉文帝也做过诸侯王，贾谊"为之痛哭"的大事也是他的心头大患。但继位后的政治形势对他仍有掣肘，哪怕贾谊的削藩思想让人耳目一新，他也不敢贸然采纳。此外，贾谊虽然提出了"众建诸侯""割地定制"的大方针，却没有给出具体的剖分方案。比如说，王国众多，是一起众建还是各个瓦解？人都是不患寡而患不均，怎么割地才能确保公平？尤为关键的是，一旦某个诸侯王反对，朝廷又该如何收场？武力镇压，风险太大！听之任之，那皇权的威严又该往哪儿搁？

后世虽然赋予贾谊诸多美誉，但当时没有人能够安慰他的落寞，当超前的思想遭遇窘迫的现实，贾谊也无力改变。上疏后不久，梁王刘揖坠马而死，身为太傅的贾谊引咎自责，很快郁郁而终，年仅33岁。

贾谊死了，但他的推恩构思并没有成为绝唱。

公元前164年，距贾谊去世后仅4年，汉文帝抓住齐王刘则死后无嗣这一契机，"思贾生之言，乃分齐为六国"，随后他又在齐地增设城阳国。众建之下，齐国一分为七，曾经的"汉初第一王国"风采不再。

与此同时，汉文帝又立淮南王刘长的三个儿子为王，算是对这个弟弟最后的一点照顾，淮南国也一分为三。

两次众建，一次是因为王国无嗣特事特办，一次是对罪人家属的特殊恩宠。这足以说明，汉文帝默认了贾谊的众建之法。只是，作为一种主动的削藩手段，众建推恩需要恰当的时机。文景两朝，特别是汉文帝在位时，朝廷与诸侯王的实力对比显然还没有达到量变阶段。所以，哪怕贾谊给出了推恩令的1.0版本，汉文帝仍然投鼠忌器，不敢骤然全面推行。

此外，两次特殊的推恩不能算作对"众建诸侯"这一总体方略的贯彻。在汉武帝颁发推恩令之前，贾谊的设想也未真正实现，汉朝还有很长的一段弯路要走。

没有实力拿什么削藩

自公元前 594 年鲁国"初税亩"制度开始,中国历代农民无不"为国纳粮"。作为封建王朝的主要税种,农业税一直是国家财政的血库,在全国范围内永久废除农业税,也只有进入工业化时代的中国能够办到。

鲜为人知的是,汉文帝时期,西汉朝廷也有过一次全国范围内免除农业税的"壮举",虽然持续时间不长,却足以彪炳史册。

公元前 167 年 6 月,汉文帝刘恒正式下诏停征全国田租,直到汉景帝继位后恢复收税,这项国策持续了整整 13 年。

汉文帝的大手笔当然是因为"兜里有钱"。与汉初的凋敝不同,汉文帝执政中后期,朝廷已经积累了足够多的财富,以至于连土地税都可以直接免除。

积累财富无非开源节流两项,而文景两朝恰恰也是把这两项做到了极致。

西汉初年,政府始终不遗余力地恢复农耕经济。通过招抚流亡百姓、解放奴婢等措施,朝廷大大充实了农业人口。汉景帝时期,为了扩大农业生产,政府甚至放开迁徙管制，允许生活在贫瘠之地的农民搬到土地肥沃的地方从事农业生产。确保耕者有其田的同时，政府又通过各种手段保障自耕农的核心地位和权利，减少对农业生产的干预，这些自耕农成为汉初经济恢复的中坚力量。

汉朝刚建立时，刘邦曾颁布重农抑商的法令，束缚了工商业的发展。他死后，汉惠帝和吕后又开始修正抑商政策，到文景时期已经从国家层面鼓励工商业的发展。例如，汉文帝开放山川林泽，也允许民间冶铁、煮盐，这些政策或许会让诸侯国从中渔利，但汉郡体量始终最大，从中获取的国家财政当然也最为丰厚。

农商之外，朝廷也有另辟蹊径的赚钱方法。在第一部分中，我们曾提到汉文帝"卖官鬻爵"，实际上，与后世朝代礼崩乐坏时代的权力出租相比，汉文帝真正出卖的只有爵位，并无官职，是用"虚名"换取财富。就拿"入粟拜爵"这一举措来说，朝廷虽然规定普通人可以通过向朝廷"捐赠"一定的钱粮来换取爵位，但这爵位是有限制的，以低阶爵位为主，且没有任何实权。

捐赠钱粮不但可以获得爵位，还能当"免罪金牌"。比如，一个人犯下某些轻罪，只要缴纳一定的粮食就能豁免罪行，不用受刑也不用坐牢。除此之外，百姓还可以用粮食来抵徭役。

汉文帝的这些政策不光大大充实了国库，还刺激了农业生产的积极性。钱粮的作用这么大，谁不想多种一些、多赚一些呢？这又进一步裨益于朝廷的税收，形成了一套运转自如的良性循环系统。

穷尽一切手段拓展财源并非汉初的独特风景，但要说起自虐式的节流，文景二帝绝对独树一帜。

可能是受母亲薄姬的影响，汉文帝一生节俭。据《汉书》记载，汉文帝在位 23 年，"宫室苑囿狗马服御无所增益"，宫室用度 23 年不添置这些东西可能有些夸张，但汉文帝穿粗丝龙袍、床帐上没有纹绣值得信服。而且汉文帝一件衣服经常是破了补，补了破，穿草鞋上朝也是常有的事。以身作则的同时，汉文帝也要求妃嫔们厉行节俭，比如他最爱的慎夫人"衣不曳地"，与寻常人家的女眷无异。

部分诸侯王铺张浪费、奢靡无度，汉文帝却在个人享受上一毛不拔。有一次他想在皇宫中盖座露台，找来工匠一算，说是要"百金"，汉文帝立马打消了念头，给出的理由也真诚动人："百金，相当于十个中等收入家庭的资产。我住进先人的皇宫都感觉羞愧，哪里还敢盖露台。"

如果说白纸黑字不足信，汉文帝的墓葬考古则可以打消一切质疑。

汉文帝生前曾立下遗嘱，一反商周以来的厚葬之风，历行薄葬，坟墓"皆以瓦器，不得以金银铜锡为饰，不治坟，欲为省，毋烦民"。

西汉一代11座帝陵中，有10座都是挖穴盖土，等于人工造出一座坟山来，工程量可想而知。只有汉文帝的霸陵"因山为藏"，直接依山凿穴，省去了许多烦琐。后世的考古发掘也印证了汉文帝不是做表面文章。霸陵的确依山而建，没有封土，在陵墓中发现最多的也是烧制的陶俑，个头还不大。霸陵中存在少量小件铁器和铜器，也不作装饰用途。霸陵的陪葬品跟帝王身份相差太大，以至于在对霸陵进行抢救性发掘时，专家一直不能确定这座墓葬的主人的身份。直到2021年确定"同茔异穴"的窦皇后墓之后，人们才终于相信，原来这座寒酸的墓葬属于汉文帝刘恒。

汉文帝死后，其子汉景帝也继承了他的节俭之风，虽说没有汉文帝那般自虐，但在帝王中也是一股清流。比如，在汉景帝一朝绝少大兴土木，皇室用度也是尽量压缩。所以史书也给了汉景帝"清净恭俭"的评价。

封建朝廷财政支出一般由四个部分组成：皇室的宫廷用度，各级官吏的俸禄，军事上的必要开支，灾荒之年的政府救助。文景二帝在宫廷用度上"抠门儿"到极致，其他方面自然也不会手松。

汉初官僚体系还未膨胀，无为而治的简政思想下，官吏数量较少，养官开支自然也就小了。据司马迁估计，汉初养活中央官吏所需的粮食超不过100万石。按照汉代一亩收一石的平均生产率计算，100万亩土地就能养活全部官僚。而汉代的定垦田达到8亿多亩，哪怕只算直属汉朝廷的郡县土地，养活官僚系统也是绰绰有余。

再说军备开支。文景时期并没有主动的开疆拓土动作，最大的威胁仍是北方的匈奴。这一时期，朝廷对匈奴采取的是防御为主、和亲为辅的怀柔政策。通过"入粟于边"和"徙民于边"这两项政策，汉朝边疆地区的人口和粮食储备日渐丰富，中央朝廷自然也少了军费压力。和亲政策看似委曲求全，却大大缓和了汉匈关系，《史记·匈奴列传》称"终孝景时，时小入盗边，无大寇"。

在最后一项救灾开支上，文景两朝也未遭遇额外压力，虽说期间灾荒偶有发生，但对朝廷来说已不算沉重负担。"郡国并行"之下，各诸侯王也承担了部分救灾责任，朝廷自然不会出现左支右绌的尴尬。

以上种种财政概况都证明，文景时期的社会经济发展动力强劲，政府增加收入的同时又抑制了支出，国家财政如同一个庞大的蓄水池，导入的水流足够大，导出的水流足够小，水位逐年增长。这种健康的财政局面在司马迁笔下得以再现：

至今上即位数岁，汉兴七十余年之间，国家无事，非遇水旱之灾，民则人给家足，都鄙廪庾皆满，而府库余货财。京师之钱累巨万，贯朽而不可校。太仓之粟陈陈相因，充溢露积于外，至腐败不可食。众庶街巷有马，阡陌之间成群，而乘字牝者傧而不得聚会。

从汉初"将相乘牛车"到武帝时"骑母马不能参加聚会"，汉文帝、汉景帝功不可没。"文景之治"是当之无愧的初代盛世。

在我们前面讲过，财政是吹动政治和军事两叶船帆的风力。所谓强国，强的是财政，有钱才有对内对外动用武力的资本。汉武帝在位时，无论是对外的汉匈战争，还是对内的推恩削藩，仰仗的都是其祖、父两代攒下的财富。这是中央政府的底气，也是彻底解决诸侯王问题的大前提。

零敲碎打之下的诸侯王

论起汉文帝刘恒的控藩效果，一组数字就能告诉我们答案：汉文帝继位之初，汉朝存有7个诸侯国，汉文帝末年，一番动作下来，诸侯国增加到了17个，朝廷与王国控制的郡县数量变化不大，但由于封国增多，王国由平均辖6郡下降到不足3郡。诸侯国的实力衰减肉眼可见。

其中当然有"众建诸侯"的功劳，齐国一分为七，淮南国一分为三，直接增加了8个。另外多出的2个分别是梁国和代国，两者都是汉文帝之子的封国。

表二 文帝十六年（前164）诸侯王国表

王国	王名	身份	受封时间
代	刘参	文帝之子	文帝四年
梁	刘武	文帝之子	文帝十二年
燕	刘嘉	刘泽之子（刘邦之远侄）	文帝三年
赵	刘遂	刘友之子（刘邦之孙）	文帝元年
城阳	刘喜	刘章之子（刘邦之孙）	文帝四年

王国	王名	身份	受封时间
楚	刘戊	刘郢客之子（刘邦之侄孙）	文帝六年
长沙	吴著	吴右之子	文帝二年
吴	刘濞	刘邦之侄	汉高祖十一年
衡山	刘勃	刘长之子（刘邦之孙）	文帝十六年
淮南	刘安	同上	文帝十六年
庐江	刘赐	同上	文帝十六年
齐	刘将闾	刘肥之子（刘邦之孙）	文帝十六年
济北	刘志	同上	文帝十六年
济南	刘辟光	同上	文帝十六年
菑川	刘贤	同上	文帝十六年
胶东	刘雄渠	同上	文帝十六年
胶西	刘卬	同上	文帝十六年

从表格中我们也可以看出，汉文帝的推恩并不彻底。齐国、淮南国虽然支离破碎，但列强中的吴、楚仍然存在，封地不变，实力更强，并且还因其封国的特殊性暗藏作乱威胁。

这一特殊性便是"血缘"。

刘濞是诸侯王中的元老，刘邦在位时他就做了吴王。可能对这个侄子不放心，皇帝恩威并施，亲口告诫他"慎勿反"。刘邦单独敲打吴王，顾虑的应该就是血缘。从宗法上讲，刘濞不属皇室一脉，血缘对他的束缚自然没那么强。

楚国、燕国跟吴国的情况类似。第一任楚王刘交是刘邦的异母弟，他的孙子刘戊跟汉文帝是堂叔侄。燕国的血缘就更淡了，燕王刘嘉的父亲与刘邦是远房堂兄弟，他跟汉文帝属于不看族谱不知道谁是谁的那种关系。

有人的地方就有圈子，刘邦在位时，异姓诸侯王被排除在核心圈之外，到文景这两代，吴、楚、燕这三国由于血缘疏远，身份上已无限趋近异姓王，也在皇权的信任圈外。

限于朝局，汉文帝没有像父亲那样对圈外诸王杀伐果断，但他也不会坐视不管，任凭祸水横流。汉文帝用的并不是什么高招，甚至还有些"复古"，远有周文王，近有父亲汉高祖，都曾用这一招来保障中央。汉文帝的做法用四个字便可概括——以亲制疏。简单来说，就是用可靠的诸侯王屏障中央。对汉文帝来说，最可靠的当然还是自己的儿子。

落到实操上，怀才不遇的贾谊给了汉文帝灵感。

去世之前，贾谊给汉文帝上了一道《请封建子弟疏》，建议为死去的梁怀王立后，同时"割淮阳北边二三列城与东郡以益梁"。贾谊的初衷是让梁国坐大，以防范东边的吴、楚两国。

汉文帝采纳了贾谊的临终奏疏，他改封儿子淮阳王刘武为梁王，并将淮阳国部分郡县割给梁国，其余的则纳入汉郡。至此，梁国北达泰山，西临高阳，坐拥40余城，成为新兴的诸侯大国，纸面实力也已超过吴、楚。

在此之前，为防匈奴南下，汉文帝将儿子刘参封到代国。尽管代国的主要敌人是匈奴，但它也起到了防范、监视燕、赵两国的作用。他当然不知道，自己设置的这两道安全阀门会在将来的"七国之乱"中力挽狂澜。

汉文帝一生励精图治，颇有建树，但在削藩上其实政绩平平。无论是"众建诸侯"，还是"以亲制疏"的控藩，都像是零敲碎打，规避要害。在他治下，诸侯王的种种特权也未回归朝廷，封国在政治、军事、经济上仍然独立于中央。尽管拔掉了齐国、淮南国两大眼中钉，但一直蛰伏的吴、楚两国引而不发，仍有倒反天罡的势能。

汉景帝刘启继位时面临的正是这样一个局面：不算太好，也不算太糟糕。初登大宝时，汉景帝仿效父亲"以亲制疏"的控藩策略，对诸侯国版图进行了一次微调。

长沙王吴著死在汉景帝登基那年，因其无后，长沙国除，汉朝最后一个异姓王国消失。依照惯例，朝廷将长沙国的三郡收回。汉景帝二年（前155年），刘启将长沙国封给儿子刘发，与此同时，他又把汉廷直属的南郡封给儿子刘阏，再加上从其他王国割出的四块土地，汉景帝一口气分封了6个皇子为王。

表三　汉景帝六子封王

王国	王名	封地
长沙	刘发	长沙
河间	刘德	河间
广川	刘彭祖	广川
临江	刘阏	临江郡
淮阳	刘余	淮阳
汝南	刘非	汝南郡

给1个南郡，换来6个亲得不能再亲的诸侯国，汉景帝这笔买卖当然做得值。

由此一来，诸侯国的数量就增加到了22个，朝廷与王国的领土并未此消彼长，基本维持原样。

如果将这22个诸侯国做个归类的话，可以分成以下三种：

1. 亲信

分封出于血缘，当然服于宗法。所以，汉景帝的儿子的6个封国——长沙国、河间国、广川国、临江国、淮阳国、汝南国——足够可靠。此外，汉文帝时分封的梁国和代国也可倚重。梁王刘武是汉景帝的弟弟，血缘浓度自不必说，而新任代王刘登是汉景帝的亲侄，血缘也未稀释。这里一共有8国。

2. 中间派

这类诸侯国出自汉高祖一脉，虽说时间日久，但毕竟都是高皇血裔，宗族礼法对其仍有一定的束缚。齐国、赵国等11国都在此列。

3. 远亲

吴、楚、燕三国应在此列。这3个封国都是刘邦的兄弟的后代，有的更是远房亲戚，严格来说连皇族都算不上，因此也最容易起反心，既是朝廷的心腹之患，也是重点"关照"对象。

汉景帝一番调整下来，最靠近关中核心地区的基本都是皇帝可以信赖和倚重的王国，它们形成了一道天然屏障，将吴、楚、燕三国隔绝在外，有形中增加了他们犯上作乱的难度。再加上曾经的齐国、淮南国已经分崩离析，天时地利加持下，骄纵的诸侯王已尽入彀中，风险总体可控。

正常情况下，中央政府会依赖亲信，争取中间派，在不打算动武之前，稳住心腹大患。这样一来就能为和平削藩创造条件，众建推恩也好，徐徐夺权也罢，甚至是等待诸侯王无后除国，都能让朝廷有条不紊地加强中央集权。

但汉景帝显然没有做此打算。

分封皇子为王的同一年，一向秉承父亲遗志的刘启突然政风大变，以急不可耐的姿态发起了一场"削地"运动。

赵王刘遂得汉文帝恩惠复封赵国，一向奉公守法，对皇帝也毕恭毕敬。汉景帝却突然挖出他在汉文帝朝犯下的过错，并以此为名削掉了赵国的两郡。

楚王刘戊掉进了一个精心设计的陷阱里。去长安朝见汉景帝时，有人举报刘戊在薄太后（汉景帝祖母）服丧期间与人淫乱。且不说这种隐蔽的罪行是怎么被发现的，就算检举属实，查证也很困难。在难以查证的情况下，大臣竟然要求汉景帝处死刘戊，还是汉景帝"网开一面"，不杀你了，就削掉你的东海郡吧！

胶西王刘卬被削得更是莫名其妙。汉景帝以他"卖爵时存在违法行为"为由，割掉胶西国的6个县，并纳入汉郡。

很明显，汉景帝放弃了父亲的"无为而之"，在削藩上开始主动作为。看来，他是真的等不及了。

汉景帝三年，公元前154年1月，吴王刘濞也接到朝廷的削地诏书，这次朝廷给的理由是"吴王长期称病不朝"，要削夺吴国的鄣郡和会稽郡。吴国拢共3个郡，朝廷一次就要拿走2个，而且用的借口也过于拙劣：刘濞称病不朝又不是一两年，汉文帝还特地赐予拐杖，允许他不来长安，这个罪名连"莫须有"都算不上！

是可忍，孰不可忍。

于是，文景两朝20余年的零敲碎打，几代皇权的温水慢煮戛然而止，吴王的突然暴起打断了这一切……

为什么说，削与不削早晚都是事

公元前 154 年 1 月，汉政府削地的诏书前脚送到，吴王刘濞后脚便有动作：他先是诛杀汉朝任命的王国官吏，随后又分遣使者联络九路诸侯王，并在广陵（今江苏扬州）起兵反汉。

"七国之乱"正式爆发。与后世许多内乱一样，这次诸侯王打出的旗号也是"清君侧"，也是要诛奸臣。

这次的"奸臣"是汉景帝的股肱心腹晁错。

晁错，颍川郡（今河南禹州）人，生于公元前 200 年前后，年龄与贾谊相当，才能与贾谊也不相上下。二人都是公忠体国的能吏，出奇一致的是，两人对诸侯王的看法不谋而合，都认为王权膨胀下的大汉中央危如累卵，必须对症下药。

所不同的是，晁错想在有生之年完成强干弱枝的伟业，使汉廷再无纷扰。贾谊则顾虑"动一亲戚，则天下环视而起"，向汉文帝献策众建诸侯，以亲制疏，意在温水煮青蛙，用几代人的耐心来消解诸侯王权。

晁错显然不赞同贾谊的鸽派做法。

汉景帝二年，晁错上疏《削藩策》，主张急速削藩，立竿见影。其核心观点是："今削之亦反，不削亦反。削之，其反亟，祸小；不削，其反迟，祸大。"

可以看出，晁错对诸侯王不存任何侥幸，认为他们迟早会反，钝刀子割肉遗祸更大，快刀斩乱麻才能一劳永逸。贾谊虽然也深惮诸侯王，却从未做出这样的设想。

对这二人生平做个简单的素描对比就知道，二人的观点分歧其实正是汉初法家和儒家思想的碰撞。

贾谊的《治安策》虽被冠以"外儒内法"，但本质上仍然是儒，是一杆"施仁政"的大旗。晁错的削藩思想则假设诸侯王都是乱臣贼子，迟早都要造反，怀揣的是赤裸裸的"法核"。

先秦诸子百家中，法家向来主张人性本恶，强调法律的作用，且醉心改革、勇于改革。例如，秦孝公时期的商鞅，他在秦国推销法家思想，几乎清洗了秦国一切旧有政治生态，使得秦国迅速强大。

商鞅的法治思想中有一条"刑无等级，不赦不宥"，简单来说，就是天子犯法与庶民同罪。

晁错将商鞅的法治思想复制粘贴，借此来打击各路诸侯。《削藩策》中，晁错称吴王"诈病不朝，于古法当诛"已有体现。后来他更是将其付诸实践。楚王在太后服丧期间淫乱、胶西王卖爵上犯的小错，哪怕确有其事，朝廷都可以视而不见，毕竟那可是堂堂诸侯王，犯的也是无关痛痒的小罪，怎么能去较这个真呢？但晁错削藩正需借口，"以法削藩"听起来更是名正言顺，所以晁错以此为由头，促成汉景帝向他们动刀。

晁错的法家思想并非灵光乍现，与贾谊不同，他年轻时学的是申商刑名之术，当官后虽然奉命学习了一段时间《尚书》，但他显然没有将儒家思想内化，对外展示的更多的是根深蒂固的法家之强硬。

在黄老之道盛行的汉景时代，法家之术傍身的晁错也能风生水起。他有不输贾谊的文才，还有比贾谊更为伶俐的口才。汉文帝时期，晁错和贾谊一样任职过博士，因一篇《上书言皇太子宜知术数》受皇帝赏识，拜为太子家令，相当于太子府的总管事，也可以说是太子的授业恩师。

汉景帝登基之前，晁错也曾多次上疏汉文帝，主张"削藩"，严厉打击不法诸侯王。对汉文帝来说，贾谊那样的温和削藩都不能立马兑现，激进的晁错就更不可能受待见了。

晁错在仕途上显然更幸运些。贾谊郁郁不得志，死在汉文帝之前。晁错却熬过了汉朝的"保守治疗期"，等来了他要辅佐的"明君"。

晁错与皇帝亦师亦友的关系注定了他会位极人臣。汉景帝即位后，晁错受拔为内史，直接跃上二千石高官之位。此后，汉景帝对晁错的信任无以复加，汉景帝的丞相申屠嘉举报晁错破坏皇室宗庙围墙，请求汉景帝处死晁错。结果汉景帝却额外包容，不予追究，气得申屠嘉呕血身亡。不到两年，晁错又升迁御史大夫，位列三公，成为天子倚重的股肱之臣。

有了话语权，晁错自然能够顺利地推行他的《削藩策》。汉文帝后期，贾谊的"众建诸侯"和"以亲制疏"主导了朝廷的削藩方向，也取得了一定的效果。在晁错的劝谏下，汉景帝决定改弦更张，大干快上，以"削地"为手段逐步蚕食诸侯王势力。

法家与儒家的碰撞又更细致地表现为"削地"对"推恩"的取代。

汉文帝时期，袁盎也曾主张削夺诸侯王土地，但汉文帝从未采纳。直到国内出现两次叛乱，汉文帝才因地制宜采纳了贾谊的推恩众建。哪怕众建足够温和，汉文帝都没有全面推行。两相比对，汉景帝新皇登基不久，突然船头大转，用皇权武力震慑诸侯，试图主动削地弱藩的措施难免有些唐突。

为什么汉景帝要全盘接受晁错的削藩主张呢？是他手段强硬，不似其父那般仁厚吗？还是汉景帝也有好大喜功的嫌疑，幻想毕其功于一役？又或者说，汉景帝对晁错已经到了言听计从的地步？

没错，汉景帝的确没那么文帝那般仁厚，也有好大喜功的嫌疑，信任晁错更是无以复加。但在牵一发而动全身的削藩问题上，汉景帝的突然激进更多的是因受制于现状。

最无奈的现状在于汉景帝的生育能力。

与父亲汉文帝相比，刘启太能生了。《史记》中记载，汉文帝仅7个儿子，刘启做了太子，活到成年封王的仅有3个，其中梁怀王刘揖英年早逝，还是刘武顶替才做了梁王。汉文帝想要"以亲制疏"，封两块土地就够了。

而汉景帝刘启育有14个儿子，鉴于他登基时已经三十出头，大部分儿子都已出生，这意味着无论是按照皇子封王的传统，还是以亲制疏的控藩策略，汉景帝至少得准备13个封国。可当时朝廷直辖郡有15个左右，它们是朝廷的税源、兵源，割去一两个还行，再多就伤筋动骨了。所以，他只能打同姓诸侯王的主意，后来皇子尽皆封王也说明刘启削藩藏有这一私心。

当然，诸侯王日渐坐大这个现状也在汉景帝考量之内。所以，当晁错挑明"削也反，不削也反"这个道理之后，刘启便顺水推舟，同意了晁错的削藩计划，放弃怀柔，力行削地。

群臣慑于皇帝对晁错宠信不敢反对，只有窦婴站出来公开唱反调，他担心这会直接引来诸侯王的武力抵抗。

晁错和汉景帝并不担心，他们都做好了迎接叛乱的思想准备。当楚王、赵王、胶西王个个低头认栽之后，君臣更是志在必得，他们竟然以一个最不堪的理由对强藩吴国动粗。

作为诸侯国，吴国与汉朝廷不光有分权的矛盾，更有世俗的仇恨，更准确地说，是吴王刘濞和汉景帝刘启本就有杀子之仇。

这事儿听起来也很荒唐。

刘启还是太子时，吴王的儿子刘贤来长安朝见汉文帝。在皇宫时，刘贤陪太子下六博棋，其间因为棋路二人发生争执，刘启一怒之下抄起棋盘砸向刘贤，后者当场身亡。

太子闯下大祸，汉文帝又不能责罚，只好派人将刘贤的遗体送回吴国，结果被吴王刘濞拒收，还说"死在长安就葬在长安"。从此刘濞心生不满，不朝皇帝。汉文帝自知理亏，只好接受现实。

有了这个过节，刘启竟然还以"刘濞不朝皇帝"为由削夺吴国封地，后者心里得多憋屈！

也有人认为，吴王造反不是因削地而来的临时起意，而是自恃武力的蓄谋已久。理由是刘濞在《发使遗诸侯王书》中说自己"积金钱，修兵革，聚粮食，夜以继日，三十余年矣"。

这种观点显然有些牵强。且不说自吹是军事行动前的标准动作，30年前还是吕后时期，刘濞为什么要造反？再者，刘濞起兵时已经61岁了，只听过韬光养晦，哪听过"韬光养老"。最后，刘濞在战线联络和战场指挥上的屡屡失误也证明，他并未做足充分准备。

根据以上事实，我们可以认定，哪怕刘濞早有不臣之心，但在汉景帝下诏削夺各国土地之前，刘濞并没有起兵的打算。甚至可以推断，刘濞也和汉文帝一样，是打算将王国与皇权的矛盾暂时搁置，留给后代来解决。

但晁错的削藩无疑激起了他的个人情绪和安危意识，因此不得不起兵应对。以下犯上的谋逆本就没有退路，所以叛乱最终演变成一场名为"清君侧"，实则志在取汉景帝而代之的殊死搏斗。

同样，皇帝和晁错也没有想到反对派的声势如此浩大，他们在叛乱初期的踌躇彷徨也证明，朝廷在削藩前期最多只有心理建设，从未有过平叛的操作预案。

不管怎么说，七国之乱的爆发标志着削地弱藩的政策走进了死胡同，而始作俑者晁错必将深陷濒死绝境。

蝴蝶效应难以收场，但晁错仍然问心无愧。作为法家弟子，他深知不破不立的道理，也应该能预料到自己的命运。晁错之前，历代法家人物不得善终者极多，商鞅遭车裂，李斯被腰斩，韩非子困死牢狱，而且杀死他们的都是曾经倚重他们的人。

晁错的父亲也预言了儿子和整个家族的命运，他指责晁错不该离间刘氏骨肉。

晁错说，"不如此，天子不尊，宗庙不安"。

父亲知道儿子已经不能回头，只能痛苦地感慨"刘氏安矣，而晁氏危矣"，随即服毒自尽。

晁错的命运已经注定——一颗帝王的弃子。他用行动验证了贾谊思想的预见性，同时也为西汉政府排除了一个错误选项。更重要的是，晁错逼反诸侯王也有歪打正着的奇效——当朝廷用武力平息叛乱后，皇权与王权已成砧板鱼肉之势，汉景帝终于可以大张旗鼓地削藩了。就这样，两位国士用一种特殊的合作方式找到了削藩的最优解，困扰大汉朝廷半个世纪的难题即将拨云见日。

你知道汉景帝多有谋略吗

叛军兵锋西指时，长安未央宫的朝堂上也在密谋一次出其不意的诛杀。

束手无策的汉景帝已经不再信任晁错，这位心腹大臣竟然鼓动皇帝"御驾亲征"，自己则留守后方。慌了神的晁错不止这一个昏着，叛乱爆发后，他还一度劝皇帝割地求和，息事宁人。

汉景帝当然不肯离开长安，也不可能委曲求全。跟晁错不一样，他有无数条退路。

这时，晁错的政敌袁盎瞅准时机向景帝进言，"独急斩错以谢吴"。赞同袁盎的大臣不在少数。

景帝轻描淡写道："可。"

蒙在鼓里的晁错还在为汉朝的前途殚精竭虑。某天正常上朝前，汉景帝派人诱骗晁错上车前往刑场，中途有人向他宣读皇帝诏书，晁错随即被斩，当时他身上还穿着朝服。

忠胆一世为帝王，到死方知帝王心。杀晁错是袁盎的计谋，也是汉景帝的天真。汉景帝认为，诸侯王以"清君侧，诛晁错"为名起兵，那杀了晁错，诸王不就应该偃旗息鼓，各自罢兵回家吗？

直到各地告急奏报不断传来，汉景帝这才明白：他们不是冲晁错来的！

本想拿晁错做替罪羊的皇帝打错了算盘，眼见求和无望，他这才下定决心与叛军兵戎相见。

战争正式打响后，汉景帝终于缓过来一口气。他发现叛军没有想象中的那么可怕，经过文景两朝的"众建推恩"和"以亲制疏"，朝廷已在无形中浇筑出一道屏藩中央的铜墙铁壁，胜利的天平早就倾向皇权。

七国之乱前，刘濞虽然多方联络，最终也只有6个诸侯国选择共举反旗，分别是：楚国、赵国、胶西国、胶东国、济南国、菑川国。当时一共有22个诸侯国，叛乱七国只占不到1/3。

其中，胶西、胶东、济南、菑川四国是汉文帝时期"众建齐地"的产物，它们与齐国、济北国、城阳国一样，同是齐悼惠王刘肥的后代的封国。众建之后，原有70余城的齐国分崩离析，各诸侯王也是离心离德。城阳王拒绝了吴国的拉拢，齐王、济北王起初答应结盟，临门一脚时纷纷毁约，齐地叛军为了按计划与吴楚军队汇合，只能萧墙内斗。拥护朝廷的三王与反叛的四王形成对峙拉锯，极大延缓了叛军的行动。西汉朝廷也抓住时机，调兵遣将，最终在临淄城下击溃胶西等国叛军。叛乱四王无一善终，全部身死国除。

淮南三国（衡山、淮南、庐江）都是刘长之子的封国。刘长在汉文帝时期犯上作乱，最终死于流放途中。这三国与朝廷有仇，也是吴、楚的重点拉拢对象。本来三国答应一同举兵，万事俱备后，由于3个诸侯王"各有私怨，欲申其志，不肯专为吴"，最后谁也没有参加叛乱。"各有私怨"正是"众建"的结果，试想，如果淮南只有一个王一条心，西汉朝廷势必面临又一个强敌。

众建诸侯使得藩王力量涣散，难以合力对外。与此同时，以亲制疏的控藩策略也如贾谊所想，极大限制了作乱诸王的行动，成为决定战局胜败的关键。

燕王原属皇室远亲，是吴、楚最重要的盟友。七国之乱中，吴王刘濞对燕国寄予厚望，后者位置偏僻，势力却极大，占有广阳、上谷等六郡。但燕王刘嘉最终没有响应叛乱。究其原因，可能是汉景帝削地时没有对燕国动刀，刘嘉并无不满，也可能是燕王刘嘉的父亲与齐国先王闹过矛盾，世仇决定了燕王不可能再跟齐地诸王起兵共事。最有可能的当然还是囿于西边虎视眈眈的代国，这是汉文帝子孙的封国，就在刘嘉卧榻之侧，容不得他轻举妄动。

代国之外，汉文帝所封的梁国和汉景帝所封的皇子六国都是朝廷的坚实拥趸，其中尤以梁国出力最多，如果要选出平叛首功，梁王当之无愧。

梁国的作用体现在正面战场对叛军的迟滞。公元前154年，吴、楚两军会师之后立即向西进攻，梁国成为中央抵御叛军攻击的缓冲要害。梁王刘武是汉文帝的儿子，汉景帝的亲兄弟，自然没有被策反的可能。无法劝降也不能绕道，吴楚联军只能硬着头皮攻城拔地。梁王深知责任重大，失守棘壁（今河南永城西北）后，他一面率军死守都城睢阳（今河南商丘），一面向朝廷紧急求援。

汉景帝任命的平叛主帅是一代名将周亚夫，他认为吴、楚兵锋正盛，强拼硬顶的胜算不大，于是决定避实就虚，让梁国与叛军"死磕"，朝廷军队趁机断绝叛军粮道。

胜负的关键砝码就在梁国的抵抗决心，好在周亚夫赌对了。尽管遭遇叛军的疯狂进攻，尽管梁国孤军奋战，一度危如累卵，梁王刘武却从未有过投降或弃城的念头，吴楚联军迟迟不能攻破睢阳。

与此同时，周亚夫的战略布局奏效，汉军成功偷袭淮泗口，断了吴楚联军的粮道。缺粮少援的吴、楚军队放弃进攻睢阳，转道寻找汉军主力，妄想速战速决。

结果是可想而知的，饥饿的叛军根本不是汉军的对手，吴、楚兵败，楚王刘戊自杀，吴王刘濞逃亡东越，旋即被杀。而七国中的另一个主要封国赵国从举兵初始就遭汉军围困，吴、楚败亡后，汉军合兵一处，水淹邯郸城，赵王自杀，历时三个月的七国之乱彻底平息。

作为解决矛盾的终极手段，战争毫不意外地破坏了大汉帝国的社会稳定，中央政府和七国诸侯在财力、物力、人力上的比拼也极大损耗了国家的整体实力，如果不是迅速平叛止损及时，这场战争的负面影响会更大。

贾谊《鹏鸟赋》有言："祸兮福所倚，福兮祸所伏。"贾谊的意思是，祸事中往往蕴藏着机遇。对朝廷来说，藩王造反既是大乱，也是大运。

平定叛乱后，汉景帝也从中发现了百年难遇的福运——吴、楚等强藩消失，中央和地方的实力对比进一步拉大，他总算可以主动裁决诸侯王的命运。

汉景帝使出的第一招仍是削地。虽然这等于变相承认冤杀了晁错，但此一时彼一时的汉景帝不会错过这大好时机。鉴于诸侯国已是待宰鱼肉，汉景帝削夺土地也就不再手软。

燕、代两国在七国之乱中没有大功，也未犯错。汉廷为了稳固北部防线，仍然下诏削去燕国的上谷、渔阳、右北平、辽西、辽东五郡，大燕国只剩广阳一郡；代国虽是自家骨肉，汉景帝也不含糊，一口气夺走了代国四郡中的三郡，只留一个太原。

吴国、楚国这两个祸首的下场就不用说了。刘濞死后，吴国国除，汉景帝也没有给他续后的打算。楚国这边，刘启倒是破例优容，封初代楚王刘交的儿子刘礼做了新楚王，算是给楚王一脉续了后。但这只是名义上的恩宠，朝廷碎割之下，新楚国的辖地只有几个县，再也没有汉初的大国风光。

时机成熟，晁错的《削藩策》可以贯彻，贾谊的"众建诸侯"也有了施展的空间。

削弱其他强藩之后，汉景帝又将目光盯向血亲梁王。梁国本就是汉文帝为制衡吴、楚而"人工培育"的大国，七国之乱中，梁王劳苦功高，汉景帝自然不能兔死狗烹。但随着其他诸侯国实力不断缩减，梁国一跃成为毫无争议的头号大国。梁王刘武还试图逼迫汉景帝立自己为"皇太弟"，对皇位的觊觎之心丝毫不加掩饰。

对此，汉景帝念及手足之情隐忍不发。直到汉景帝中元六年（前144年），梁王病逝，朝廷抓住时机"分梁为五国，尽立孝王男五人为王"。

众建之下，赵国再次支离破碎。汉廷这次痛下杀手，将赵国切成 9 块，其中 6 块封作 6 个王国，其余 3 块则直接并入汉郡。

一番操作下来，强藩不再，弱藩并起。汉景帝后元二年（前 142 年），诸侯王国的数量增加到 25 个，为西汉历史之最。数量多不代表威胁大，此时的王国封地大多只有一郡之地，"大国不过十余城，小侯不过数十里"，几乎丧失了作乱潜能。

表四　前 142 年西汉诸侯王表

国名	王名	身份
燕	刘定国	刘嘉之子（刘邦之侄孙）
楚	刘道	刘礼之子（刘邦之侄孙）
城阳	刘延	刘喜之子（刘邦之孙）
淮南	刘安	刘长之子（刘邦之孙）
衡山	刘赐	同上
齐	刘寿	刘将闾之子（刘邦之曾孙）
菑川	刘志	刘肥之子（刘邦之孙）
济北	刘胡	刘勃之子（刘邦之曾孙）
梁	刘买	刘武之子（景帝之侄）
济川	刘明	同上
济东	刘彭离	同上
济阴	刘不识	同上
山阳	刘定	同上
代	刘登	刘参之子（景帝之侄）
赵	刘彭祖	景帝之子
胶西	刘端	同上
胶东	刘寄	同上
长沙	刘发	同上
河间	刘德	同上
广川	刘越	同上
鲁	刘余	同上

国名	王名	身份
江都	刘非	同上
中山	刘胜	同上
清河	刘乘	同上
常山	刘舜	同上

削地众建的同时，汉景帝还在制度上来了一招釜底抽薪，将诸侯王的威胁降至最低，这一狠招只有寥寥数字——令诸侯王不得复治国。简单来说，就是剥夺诸侯王的种种政治特权。

首先，汉景帝改革了王国丞相制，将诸侯王国的丞相改为相，国相所用的印章也由金贬银。这一改革其实暗合了贾谊《论定制度兴礼乐疏》的精神，即"建立等级制度，维护皇权正统"。降低等级只是虚招，剥夺国相统领百官的权力才是着力点。改革之后，国相的职责与郡守无异。

其次，针对诸侯国，景帝又"减黜其官"，也就是裁减王国的官僚机构。这样一来，诸侯王国在制度上就无法与中央平起平坐。这又是对贾谊思想的落实。

最后，也是影响最大的一条：改革王国的官吏任命制度。汉初，朝廷仅对王国高级官员直接任命，其余官吏的任免都由诸侯王说了算。七国之乱后，汉景帝规定诸侯王只能任命低级官吏，在此之上的中高级官员必须由朝廷任免，并且"令诸王不得治民，令内史主治民"，等同于从制度上架空了诸侯王，封国不再是国中之国，国王也更像是贵族而非无法无天的土皇帝。

晁错和汉景帝都没能想到，一个错误的决定会得到一个积极的结果。到汉景帝末年，通过削地、众建、改革制度等一系列措施，诸侯国坐大为患的势头暂时被遏止，强干弱枝的局面基本形成，诸侯王也不再是中央政府的心头之患。

更为难得的是，经此一役，贾谊提出的"众建诸侯"得以再次影响诸侯国格局，作为推恩令的初代版本，它在七国之乱后又一次验证了内核的可靠性，诸侯王万马齐喑后，汉文帝心心念念的"时机"已然降临，一场更加成熟的推恩大戏即将拉开帷幕……

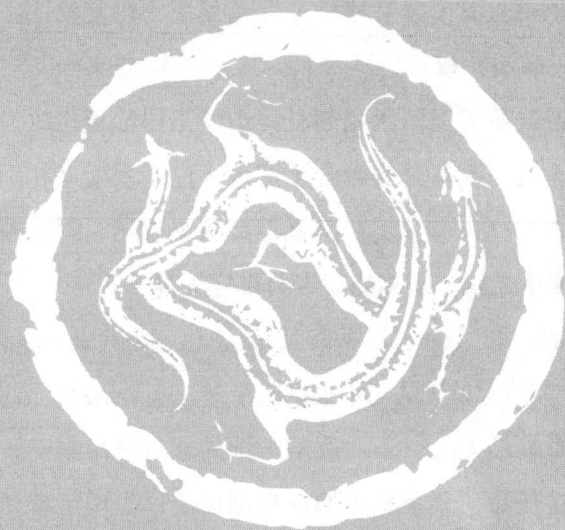

第五章 藩王不削，帝国不立

催熟推恩令的不是个人意志，而是时代。

汉武帝雄才大略，野心昭著，他梦想中的大帝国绝不允许出现权力分割，因此，彻底解决诸侯王国的难题势在必行。但汉武帝也有顾忌，匈奴在外，藩王在内，牵一发而动全身，为此他也不得不从容行事。只是，一场闹剧打乱了一切，全面战争来临之际，汉朝比任何时候都更需要中央集权。

七国之乱在前，汉朝投鼠忌器，不希望在外患未平的同时挑起内争，但诸侯王国的问题又必须解决，汉武帝一时两难。幸运的是，儒家出现了。这一影响中国未来2000余年的思想宗派不但迎合了汉武帝的野心，也给他带来了解决王国难题的最终方案。

什么是"天下一统"的门禁

　　国产高分大剧《大明王朝 1566》中有这样一个桥段：为讨父亲嘉靖帝欢心，裕王朱载坖敬献了一只从太湖中捞出的千年神龟，龟壳上刻有"汉后元初年戊寅"七字，以此奉承嘉靖帝乃是和汉文帝一样的贤君。

　　剧中台词称"后元是汉文帝七年所立的年号"，但这句话有两处明显的历史错误。

　　第一处错误是时间上的紊乱。"汉文帝七年"为公元前 173 年，纪年上应是前元七年，而非后元初年。

　　第二处错误则是在细节考证上略有瑕疵。中国王朝自商周以降直到汉初都没有"年号"这个说法，前元、中元、后元只是一种纪年方式，并非正式年号。比如汉文帝时期有后元初年，汉景帝时期也有后元初年。

　　中国历史上的第一个年号其实出自汉武帝刘彻。公元前 141 年，初掌皇权的刘彻首创年号制度，以第二年为建元元年。后世皇帝照葫芦画瓢，纷纷立元改元，年号制持续 2000 余年，一直到中华民国时期才被废除。

后世对汉武帝的评价向来褒贬不一。有人说他雄才大略，气盖山河；有人说他穷兵黩武，手段残酷。无论臧否如何，汉武帝时代的开拓性确是毋庸置疑的，年号改革也只是刘彻一生风云激荡的肇始。

公元前140年，新皇刘彻又有大手笔：他连续颁布三道诏书，以求与全国"贤良方正、直言极谏之士"探讨治国之道。诏书态度谦卑，完全不似皇帝口吻，反而像是个职场"菜鸟"请教前辈。

刘彻的恭敬换来了大儒董仲舒的言无不尽。他写下三道对策回应皇帝的三道诏书，刘彻看完顿觉耳目一新，"天子览其对而异焉"，这便是著名的"天人三策"。

三策提出的"大一统思想"尤得刘彻青睐。董仲舒的意思是，要建立一个大一统的中央王朝，皇上应当从政权、领土、人心三个方面入手，加强中央集权，反对诸侯王分裂，并且将儒家思想奉为唯一，最终形成政权的统一、领土的统一、人心的统一。

董仲舒提出的大一统思想正中刘彻下怀。经历文景两朝后，国家摆脱了汉初的疲敝，表面上看，经济繁荣了，天下安定了，继承文景遗产的汉武帝可以舒心地做个守成之君了。但身居庙堂顶端的刘彻知道，跟自己相比，祖父汉文帝和父亲汉景帝才更像是守成之君，最好的证明莫过于，文景之治持续近40年，汉高祖开国时的外患内忧却仍然存在。

内忧当然还是王国分权问题。尽管文景在削藩上做了诸多努力，却是治标不治本。七国之乱后，汉景帝削弱了诸侯王的作乱潜能，但王国之于中央，在经济和军事上仍然保有部分特权，并且，由于诸侯王本身都是皇亲国戚，时常骄纵不法，为祸地方，这无疑会破坏汉朝的社会环境。尤为可怕的是，谁也不敢保证诸侯王的低落会是一种常态，哪怕他们今天萎枯了，假以时日，他们又可能像深埋泥中的莲子，重新开花结果，分裂国家。

汉武帝时代面临的外患还是北方的匈奴。自汉高祖刘邦白登山遭困，匈奴人一直都是汉廷的达摩利斯之剑。汉武帝之前，西汉政府对付匈奴的手段匮乏，只能以和亲换和平。长期示弱不但有失体面，还助长了匈奴的贪心，他们经常犯境边疆，烧杀掠夺，严重威胁汉朝的国家安全。

总体而言，汉武帝时期的外患要大于内忧。从刘彻在位期间对匈奴斩草除根式的打击来看，他应该很早就认清了匈奴才是汉朝的最大威胁。但翻开建元元年后的大事年表我们又发现，刘彻御极数年间，汉匈双方并无大规模战事，刘彻也是任匈奴上蹿下跳，要和亲就送公主，要东西就开贸易。

万物总有因果，刘彻萧规曹随的原因至少有以下两点：

第一，强大的制度惯性。汉朝与匈奴之间的和平已维持60余年，和亲互市虽不是刘彻所愿，但长久以来的制度惯性力量强大。每当刘彻提出断绝和亲，与匈奴来一场生死较量时，朝内一批主和派总会跳出来反对。大概是承平日久，上到公卿下到庶民大多厌战。这不难想见，经历文景之治后的汉朝从上到下肉眼可见地富裕了，谁愿意打仗呢？不坐龙椅也不知道皇帝的远见，没人会把匈奴当成汉朝的眼中钉，肉中刺。

第二，遵循"攘外必先安内"的原则。当时汉朝内部环境复杂，匈奴在外虎视眈眈不假，国内各处也是暗流涌动。诸侯王之外，还有因土地兼并而起的豪强集团，更有从战国时代传承下来的游侠群体（起源于门客，多是游走在法律边缘的私人武装）。哪怕汉武帝下定决心与匈奴开战，时局掣肘之下也很难攥出一致对外的拳头，因此也不得不以笑脸面对匈奴。

正是基于以上两个原因，刘彻登基之初并未对外用强。外患可以暂时搁置，内忧却是不得不解，更何况二者还常有暗通款曲的勾当。譬如汉高祖时期，韩王信、燕王臧荼都曾勾结匈奴，七国之乱中，赵王刘遂也与匈奴单于约定里应外合共击汉军，如果不是叛军败亡太快，匈奴来不及行动，战场又会是另一番天地。

搁置并不等于放下，一时不战不等于消极避战。后世流传的汉武帝语录中有这么一句，"务要使四方夷狄，不敢小视中国，乱臣贼子，不敢窥测神器"，这话在史书中找不到对证，大概出自文艺作品。但汉武帝的野心并非文学演绎而来，他可是真真切切地说过，"盖有非常之功，必待非常之人"（《武帝求茂才异等诏》）。

董仲舒的天人三策为什么能俘获帝心，还不是因为他在迎合汉武帝"非常之功"野心的同时，又给出了粗略可行的整体行动大纲——打造一个政权、领土、人心三位一统的中央政府。这等于直截了当地告诉汉武帝，诸侯王这个内忧必须决痈溃疽了。

冰冻三尺非一日之寒，破冰之旅也难有速成之法。

即位初年，担心蛮力削藩导致七国之乱再现，刘彻在王国政策上的总基调偏向优容，又因为当时相权膨胀威胁皇权，刘彻只能拉拢一方打击一方，因此，朝廷在对待宗室子弟时呈现出一股"既要又要还要"的别扭劲儿。

为避免诸侯王与丞相合流，汉武帝对王国采取笼络政策，希望用宽容换取同姓王的忠诚。登基第二年，刘彻特地下诏"赦吴、楚七国帑输在官者"，正式赦免七国之乱后遭连坐的首犯家属，几年后，他又恢复了七国之乱那些罪王家属的皇亲身份。

刘彻既要诸侯王的忠诚，又要自己面子光鲜，哪怕是诸侯王论罪当死，他也会网开一面，以示恩宠。建元三年，济川王刘明射杀朝廷任命的太傅、中傅，这要发生在汉景帝末年，刘明不死也得脱层皮。汉武帝的大臣也认为刘明罪该一死，毕竟这是对皇权赤裸裸的挑衅。但刘彻并没有痛下杀手，他只是将济川王贬为庶人，流放外地。

汉武帝也没有一味地放任诸侯王，他还要一个完全可控的王国态势。为此，刘彻特地安排一批酷吏"奏暴其恶"，用缜密且高压的监督来控制这些诸侯王。这些酷吏如同皇帝安装在各国各地的摄像头，他们将王国的大小事务一帧不落地记录下来，大到政治动作、经济活动，小到闺门隐私、儿女情长，刘彻都能了如指掌。

但是，这种毫无章法、仅凭帝王天心的王国政策根本不切要害。它存在极大的随意性，只能算是控藩，无助于削藩。看起来皇帝优容诸侯王是"加亲亲之恩"，是行推恩之实，实际上却没有令行禁止的约束力，只会令诸侯王更加肆无忌惮。这种妥协拉拢与汉文帝时期的宽纵别无二致。

这也不怪汉武帝，他也想"权力一统"，但董仲舒那本简略的说明书里根本没有削藩的实操攻略，而他要做的又是前无古人的开创之举，仅凭几个守旧大臣的头脑风暴显然不足以革故鼎新。直到元光四年（前131年），汉武帝仍在削藩路上踟蹰不前，哪怕此时窦婴已被诛，田蚡也病死，相权早已屈服于皇权，刘彻不再担心王国与丞相同流合污，却还是打不开"大一统帝国"的第一道门禁。

更令人始料未及的是，这边葫芦还没摁下，那边的瓢竟浮起来了。公元前133年，汉武帝自导的一场闹剧打乱了"攘外必先安内"的计划，匈奴与汉朝正式撕破脸皮，战争就要来了！

汉武帝为什么陷入了悖论困境

公元前 134 年，汉武帝刘彻又一次收到来自匈奴的勒索信。匈奴人的条件很简单，不要钱，不要地，只要皇帝派出公主和亲，他们就不动刀兵。

算一下时间，距离上次和亲不过 6 年，当时刘彻 16 岁，初为人君、还未成年的汉武帝选择了妥协。

眼下皇帝已经 22 岁，正是裘马轻狂、血气方刚的年纪，匈奴的威胁让他很不是滋味。作为皇帝，刘彻也不能直抒胸臆。历来人君之术讲究三缄其口，有想法但不表态，拿主意的事还是让底下的人来干，事情办好了那是圣上英明，办砸了也有"背锅侠"。

果不其然，制度惯性又来了。大臣们一边倒地主和，建议满足匈奴的条件。其实，哪怕臣下不说理由，皇帝都能帮他们想好：无非是匈奴兵强马壮，撕破脸皮得不偿失。匈奴人要公主，咱们又不是真的嫁皇帝的姊妹或者女儿，从汉高祖时期开始，不都是随便找个宗室汉女送过去吗？

群臣中，只有大行令王恢唱了反调，他主张断绝和亲，准备与匈奴开战。

王恢孤标傲世的观点并非出自对圣意的揣摩。作为九卿之一的大行令，他的职责是管理归附汉朝的外族，匈奴事务算是他的职责之一。又因为王恢是燕国出身，早年在燕地担任边吏，跟匈奴打过交道，他深知匈奴单于喜新厌旧，背信弃义是常有的事，和亲之后屡屡骚扰汉朝边疆便是明证。于公于私，王恢都想让皇帝认清现实，因此主战罢和。

从后续事件来看，武帝内心应当是赞同王恢的观点，摆在面前的两道屏障却让他不得不深思熟虑。

首先是主和的力量过于强大。其中尤以御史韩安国的声音最大，他认为汉匈开战，哪怕打赢了也捞不到什么油水，"千里而战，兵不获利"，过长的战线也会大大削弱汉军兵锋，所以"击之不便，不如和亲"。韩安国位列三公，劝谏的分量可想而知。

另外一道屏障，也是最关键的难题：一纸诏书可以断亲，却不能决胜千里之外。匈奴兵强马壮可不是谣言，什么时候打？派谁去打？怎么打？这些在朝堂上是吵不出结果来的。

鉴于启动战争困难重重，再加上汉朝内部环境仍有隐患，刘彻只能从谏如流，"于是上许和亲"。

事情就这么定下了。接下来，汉朝该送去"公主"，匈奴又会在边境小打小闹，汉军四处围堵，只赶不追，"出塞即还"，双方又能维持一段时间的总体和平。

只可惜人算不如天算，双方的约定在第二年便被打破，更难得的是，汉朝一改示弱的态度，成了主动违约方。

难道是刘彻在一年内就做好了全面战争的准备？汉朝内部的不安定因素都排除了？又或者说，匈奴那边出了什么大变故，给了汉朝可乘之机？

都不是！刘彻的违约属于临时起意，并没有什么精打细算，诸侯王等国内不安定因素仍然积重难返，匈奴更是一如从前般兵强马壮。

促使刘彻出兵的是他那勃勃的野心及一个商人。

皇帝的野心就不必说了，从登基那天开始，他无时无刻不想平定边患，用铁骑踏平匈奴。只是一直苦于敌强我弱的态势，只能引而不发。

直到一个叫聂壹的商人出现。

公元前133年，来自马邑（今山西朔州）的富商聂壹突然来长安拜见大行令王恢，献出一条不那么精明的计策：汉匈刚刚和亲，匈奴对汉朝警惕性降低，这时候如果能把匈奴人主动引进来，一准儿能大胜而归。

王恢作为主战派的头号人物，"开战"对他的诱惑可想而知。聂壹也算是找对了人，他把具体计划告知王恢后，双方一拍即合，决定立即上奏，撺掇汉武帝开战。

聂壹的计谋很简单：他经常在边境跟匈奴人做买卖，跟匈奴人能搭上线，只要他假装里应外合，以马邑城为诱饵，引匈奴来攻。汉军出动大军埋伏在马邑周边，只等匈奴人上当，便可截断他们的退路，活捉单于。

作为一名影子主战派，刘彻也无法抗拒这一天赐良机。聂壹的计谋贵在速战速决，只要一仗打垮匈奴，就不会出现令汉朝头疼的拉锯战，照样不影响朝廷解决内部那些陈芝麻烂谷子的事。

汉武帝决定为自己的野心赌一把！

这年六月，刘彻倾尽麾下所有精兵良将，他以卫尉李广为骁骑将军，太仆公孙贺为轻车将军，大行令王恢为将屯将军，太中大夫李息为材官将军，共领30万大军出兵边境。其中，王恢和李息率3万多人出代郡（今河北蔚县一带），准备从侧翼攻击匈奴辎重部队并断其后路，其余人马埋伏在马邑附近的山谷中，以图全歼匈奴。

在汉武帝的安排下，聂壹依计而行。

起初，计划进行得很顺利，匈奴单于轻信聂壹，亲率10万大军汹涌而来，一路烧杀抢掠，直指马邑。

只要他们进入马邑城，汉武帝就能大功告成。

为什么说聂壹的计策不那么"精明"？因为他把匈奴人想得太简单了，他们虽说是草原部落，于汉朝而言是蛮夷，但也长着可以思考的脑袋。

开战前，汉军为防计划泄密，迁走了战线上的所有居民，却不想也因此留下了破绽。进军路上，匈奴人发现这次袭击太顺利了，没有汉军阻击不说，路上也是牛羊成堆任人劫掠，更可怕的是，他们一路奔袭，除了牛羊，连个人影都没见着。在草原上，牛羊就是匈奴人的全部家当，汉朝再富，也不至于连牛羊都能随便丢吧！

感觉不对劲的匈奴四处寻找，终于逮住了汉军的一小波哨兵。就这样，不费吹灰之力，匈奴人破计，单于大呼上当，立即引军撤退。

这便是著名的"马邑之战"。说是战斗，其实双方主力连照面都没打，匈奴未曾损兵折将，汉军却耗费了巨大的人力、物力、财力，最后却是"大山临盆，生了个耗子"，一无所获。

马邑之战的名气来自它引发的蝴蝶效应。

识破汉朝的阴谋诡计后，匈奴单于怒不可遏，双方仅存的那点契约精神荡然无存。此战正式结束了汉匈之间 60 余年的和平状态，自此之后，汉朝由被动变为更被动，只得提前开动战争机器，最不想见到的拉锯战也要来了。

"大政府"是应对战争的不二选择，外患突起，刘彻迫切地需要一个更强大的中央政府，以便最大限度地调动国内的战争潜力，这意味着王国分权等一系列内忧需要加速"排雷"了。为防变起肘腋，汉武帝还不能快刀斩乱麻，他需要一群忠心不二、团结对外的诸侯王。

刘彻明显陷入了罗素悖论当中——如果要诸王的忠诚，好像只能继续采取宽纵政策，用恩抚优容换来他们的马首是瞻。如此一来，王权还会继续分割皇权，掣肘朝廷的军事行动，未来还可能坐大，再次成患。但他又不能骤然削藩，大敌当前，再来一次七国之乱那还了得。

刘彻现在要揪住自己的头发离开地面，困难可想而知。

要不说历史规律总是循环往复呢？七国之乱地动山摇，大汉江山差点倾覆，平叛之后，汉景帝从祸乱中找到削藩良机。这一次，贾谊的"祸福论"又灵验了，马邑之战也给汉武帝带来了千载难逢的良机。更准确地说，是一个人，一个能辅佐刘彻走出悖论困境的人才。

这个人叫主父偃。

主父偃与马邑之战并无直接关联。公元前134年，也就是马邑之战爆发前一年，主父偃刚从齐地来到长安，衣着寒酸，穷困潦倒。

主父偃不是没想过"学成文武艺，卖与帝王家"。初到长安，主父偃就开始毛遂自荐，不能直接跟天子对话，他就退而求其次，跟天子爱将卫青搭上了线，请他帮忙代为引荐。卫青虽以武功见长，却有着出了名的文士风范，为人宽厚，惜才爱才。他见主父偃满腹经纶，便多次向汉武帝推荐。

正所谓"命里有时终须有，命里无时莫强求"。这时的刘彻正受董仲舒的儒学熏陶，爱的是儒生。而主父偃，早年学的是纵横术，擅长合纵连横那一套老掉牙的战国手段，专业极其不对口，汉武帝自然就没兴趣搭理他。

主父偃"欲济无舟楫"，整整数年间，他都找不到过河的那条船，在长安靠着仅有的一点积蓄艰难度日。钱用光了，他也能扯下脸皮四处去借，虽在绝境，却仍在等待能相中他的伯乐。

马邑之战时，主父偃还在长安城混迹，远方战场的态势与他毫不相干——直到战事失利。

随着汉朝与匈奴之间的最后一块遮羞布被扯落，全面战争迫在眉睫。战争要钱，更要人，面临国内外一堆烂摊子事，皇帝急需大量人才填补事缺。于是，刘彻在之后几年三令五申，要求朝野名士多多益善地"举孝廉，荐人才"。为督促这项工作，他甚至一改往常的恩赏手段，宣布"凡二千石以上官员不向朝廷举荐人才的一律治罪"，这已经是求贤若"病"了。

主父偃迎来了千载难逢的良机。

元朔元年的那个冬天，绝境中的主父偃结合时势，倾尽毕生所学，写下一道奏章，通过皇帝开辟的绿色通道，径直递向皇宫。

"盖有非常之功，必待非常之人"，刘彻终于等来了他要的"非常之人"……

什么才是最古老的糖衣炮弹

据《史记·平津侯主父列传》记载，汉武帝第一次召见主父偃后难以自持："公等皆安在？何相见之晚也！"

相见恨晚——这应该是来自帝王的最高评价了。史书没有记载主父偃的内心活动，但有皇帝的这句话，他晚上应该激动得难以入眠。

作为主父偃曾经的引路人，卫青可能也有不解之处：主父偃是我曾经引荐的人才，那时候皇上嗤之以鼻，怎么突然就相见恨晚了？

刘彻前倨后恭的原因有很多，内外形势，人才需求，这些都足以左右刘彻的态度。但要说起决定性因素，还得是主父偃的那张嘴。

主父偃的伶牙俐齿源自纵横之术。

纵横术是战国时期鬼谷子创立的一门学派，它没有核心思想，主张以辩才折服君主，实现纵横家的目的。群雄争霸的战国时代是纵横家最得意的主战场，当时各国利益矛盾错综复杂，纵横家居中游说，时而说服他国与本国结盟，时而离间盟友，出尽了风头。鬼谷子的两位高徒都是当时的风云人物，苏秦一人佩六国相印，张仪更是"一怒而诸侯惧，安居而天下熄"。

正因如此，纵横家最显著的特长便是"口才"，也是最古老的糖衣炮弹。

秦朝统一六国之后，汉朝又立即接过衣钵，失去分裂割据土壤的纵横术逐步式微，到汉武帝时期，纵横家都快成为历史了。

可偏偏主父偃学的就是纵横之术，这几乎等同于在计算机时代学习珠算。刘彻当初对卫青的引荐不屑一顾也是基于主父偃身上的学派标签，大汉朝不是战国，皇帝也不是"花瓶天子"，不需要什么纵横捭阖的权谋大师。

蛰居长安几年间，主父偃痛定思痛，转专业是来不及了，只能靠自学，"晚乃学易、春秋、百家言"，反正市面上什么畅销，他就学什么。这一锅大杂烩显然还是煮出了味道，纵横家的口才掺杂融会贯通的百家学说"喷香诱人"，令皇帝一见倾心。

主父偃与刘彻面谈的具体内容史书并无详尽记载，也不知道主父偃用的是哪门哪派的"武功"。但从他敲开皇宫大门的那道奏疏上我们能一窥究竟，因为这是一道"杂交"痕迹严重的"百家之言"。

主父偃的奏疏一共陈述了9件事，最核心的是关于汉匈战争的《谏伐匈奴书》。这道奏疏足以说明，此时的主父偃已经从纵横家成长为"杂家"。

主父偃在奏疏中大段引用春秋时陶朱公范蠡的战争观点，称"兵者凶器也"，告诫皇帝慎言刀兵。范蠡是春秋时期出了名的道家学者，道家素来厌战，老子对战争基本持反对和否定的态度，认为战争"非君子之器，不得已而用之"。

主父偃吸收道家战争论不是为了止战，而是为了反转接下来的促战。道家战争观分析的是春秋战国时期的诸侯国，大家都是周天子的宗室或者功臣，彼此攻伐当然"不祥"。那如果动武的对象是一群蛮夷呢？

主父偃显然也想到了这一点，接下来，他借用法家学说，为战争找到了一个正当借口。

当时汉匈关系已经破裂，朝野上下谁都知道皇帝动了杀心，主父偃用法家学说迎合皇帝自然不足为奇。

汉武帝时期，儒家也是反战的一方，他们强调"道德为城，以仁义为郭，莫之敢攻，莫之敢入"，但儒家并非绝对厌恶战争，他们也主张"贤人为兵，圣人为守"。

这就是主父偃的精明之处，奏疏中，他一面站在法家的立场，一面又借鉴儒家的说法，用《周书》里的话劝诫皇帝"安危在出令，存亡在所用"，意思是，国家的安危在于皇上发布什么政令，国家的存亡在于皇帝任用什么样的人。这话暗合了儒派的用人观点不说，还有赤裸裸的互夸嫌疑——皇上您是圣人，微臣我是贤人。

此外，奏疏中还有对贫苦百姓的同情，"男子疾耕不足于粮饷，女子纺绩不足于帷幕。百姓靡敝，孤寡老弱不能相养，道路死者相望，盖天下始畔秦也"，这又是妥妥的儒家视角。

主父偃的运气的确是太好了。就在他上疏的当口，汉武帝将董仲舒提出的"天人三策"奉为圭臬，启动了中国历史上最重要的一次思想改造工程，这便是"罢黜百家，独尊儒术"。

如果汉武帝接受的是原汁原味的儒学，主父偃这道大杂烩或许还不会入他法眼。巧合的是，董仲舒的儒学也杂糅了大量的"阴阳五行""刑名法术"思想，跟主父偃一样，也是一道大杂烩，后世多以"外儒内法""儒表法里"来定义董仲舒的儒学流派。

鉴于董仲舒在前，主父偃在后，我们有理由怀疑主父偃的大杂烩里也"炖着"董仲舒。

不管怎么说，经过改造之后的儒学就这样登堂入室，成为汉武帝的治国利器。主父偃又恰到好处地"撞衫"了董仲舒，汉武帝自然来者不拒。

儒家的神助攻就这样将主父偃送上了历史舞台。儒家好使，主父偃就拿它当万金油，不久之后，他便献出了那道令自己名留青史的"推恩令"。

推恩令中的"含儒量"高到离谱。单从名字来讲，"推恩"就是彻头彻尾的儒家说法。就目前可考的文献资料来看，推恩的概念应当是出自《孟子·梁惠王上》：

老吾老，以及人之老；幼吾幼，以及人之幼；天下可运于掌。诗云："刑于寡妻，至于兄弟，以御于家邦。"言举斯心加诸彼而已。故推恩足以保四海，不推恩无以保妻子。古之人所以大过人者，无他焉，善推其所为而已矣！今恩足以及禽兽，而功不至于百姓者，独何与？权，然后知轻重；度，然后知长短。物皆然，心为甚。王请度之。

从孟子这段话中可以看出，推恩与儒家经典《诗经》直接挂钩，并且孟子言论中的推恩还有"家国同构"这一典型的儒家政治观，而推恩令所要解决的王国难题正属"家国政治"。"推恩"二字既引经据典，又切中要害，儒家功不可没。

名字是从儒家那儿照搬的，主父偃劝谏推恩的理由也是浓浓的儒家"风味"：

古者诸侯不过百里，强弱之形易制。今诸侯或连城数十，地方千里，缓则骄奢，易为淫乱，急则阻其强而合从以逆京师。今以法割削之，则逆节萌起，前日晁错是也。今诸侯子弟或十数，而适嗣代立，余虽骨肉，无尺地之封，则仁孝之道不宣。愿陛下令诸侯得推恩分子弟，以地侯之。彼人人喜得所愿，上以德施，实分其国，不削而稍弱矣。

主父偃用"仁孝之道"为旗，以"德政"为号，给推恩令包裹了一层儒家治国的糖衣，尊崇儒术的汉武帝自然难以拒绝。

此外，主父偃还将儒家思想内化到具体的推恩诏令上：

诸侯王或欲推私恩分子弟邑者，令各条上，朕且临定其号名。

意思是，如果诸侯王打算推私恩，把土地分封给子弟的，可以上报，由皇帝来确定他们的名号。

这便是推恩令的核心要义，也是推恩令中最"儒"的体现：它打破了嫡长子继承制，让每一位刘氏子弟都能沐浴皇恩。其中"或欲"二字更是淋漓尽致地展示出了儒家的"仁政"姿态，就像是现代法律用语中的"可以"，"或欲"

是一种权利性规范，并非义务，也不附带任何惩罚。诸侯王愿意分封的就分封，不愿意的就算了，朝廷也不会因此处罚你。

毫无疑问，推恩令是大量吸纳儒家思想后的产物。但和董仲舒一样，主父偃改造后的儒学也拥有一个明显的"法核"，正如历史作家王觉仁所说，（推恩令）以"推恩""仁孝"之名，行"割肉""肢解"之实；打的是冠冕堂皇的儒家旗号，用的却是釜底抽薪的法家权谋。

主父偃在纵横术上蹉跎半生，精于此道却不能以此为生，所受的煎熬常人无法感同身受。幸运的是，马邑之战也好，独尊儒术也罢，两件与他毫不相干的大事同时发生，硬生生将他推往历史的聚光灯下。

更难得的是，"独尊儒术"对汉朝进行了一场自上而下的思想改造，直接催熟了"推恩令"。同时，儒家对国家的浸润也为"推恩令"提供了必要的着床条件，使得它能够顺利生根、发芽、成长，直至结出帝王想要的果实。

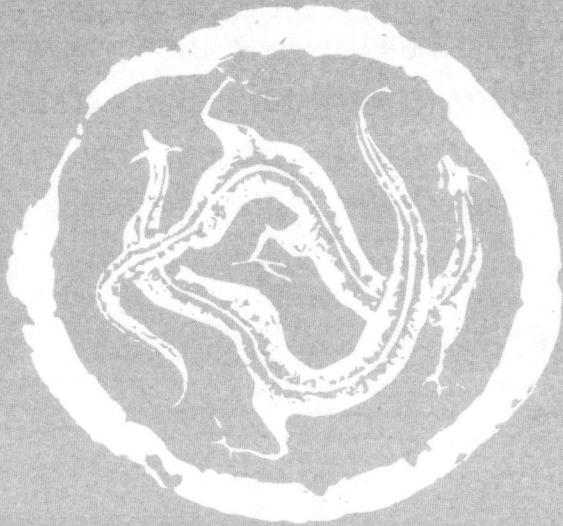

第六章 主父偃的奇谋

用"毁誉参半"来评价主父偃最适合不过。

　　作为汉武帝春秋大业的奠基人之一，主父偃的才华毋庸置疑。置朔方、迁豪强、行推恩，主父偃一次次证明自己可以是天子国师。只是，坎坷的前半生扭曲了主父偃的人格。他贪财小气，睚眦必报的行事风格也给他招来骂名，有人称他为"政坛暴发户"，也有人把他最大的功劳总结为"复制抄袭"。

　　众说纷纭，莫衷一是。唯一不能改变的是，推恩令已经成了主父偃的标签，旁人无法取代。时代既然选择了推恩令，选择了主父偃，那他就受得起这份荣誉。

"政坛暴发户"的A/B面

　　主父偃的发迹就在一夜之间，没有夸张，就是"一夜之间"。

　　《史记·平津侯主父列传》记载，主父偃"朝奏，暮召入见"。早晨上奏，傍晚就入宫拜见皇帝。主父偃自此平步青云，先是任职郎中，不久又连升三级，官至中大夫，相当于汉武帝的国策顾问。

　　从贫民做到皇帝顾问，主父偃只用了一年时间。如此惊世骇俗的火箭式升职，引来朝野诸多羡慕，也成为后世文人墨客的终极理想。宋人陈普就曾写诗感叹："一日上天沾五鼎，依角蚩粟度龙门。"

　　尽管显赫当时，但主父偃的后世评价并不高。

　　中国人历来讲究"以德配位"，评价一个人时也会将私德纳入考量范畴。《史记》的作者司马迁在秉笔直书时也难逃窠臼，对一些创下盛世伟业的帝王他也有求全责备。

　　主父偃的恶名也因此而来。直到今天，他仍被视作汉武帝时期酷吏的代表，并且有着"深烙骨髓的暴虐基因"。又因为主父偃贪财受贿，一些人便责难他的穷人思维，把主父偃称作"一朝得势的暴发户"。私德如此不堪，主父偃的功绩自然就有了不同的说法。

譬如，因主父偃的"推恩令"直接借鉴了贾谊的"众建诸侯"，再加上主父偃观点中多有诸子百家的痕迹，便有人理所当然地认为主父偃擅长拾人牙慧，并无真才实学。把主父偃说成是一个从来不生产观点，只会复制前人思想的搬运工。

这显然是有失偏颇的。

且不说"推恩令"本就存在独创之处，仅从主父偃做皇帝顾问期间的"频频妙计"也可以看出，私德并不能掩盖个人才华。

主父偃推出的第一条妙计便是设置朔方郡。

公元前127年，匈奴左贤王部犯边，汉武帝刘彻一面命人死守防线，一面派出车骑将军卫青声东击西，突袭匈奴防守薄弱的河南地（河套平原以南），卫青率部迂回包抄，一举击溃匈奴白羊王、楼烦王两部，收复了河南地全境。

这场胜仗太关键了。它不仅解除了匈奴对国都长安的直接威胁，还彻底扭转了汉匈战争的主客关系。自此，汉武帝总算可以霸气地喊出"寇可往，我亦可往"。

上到皇帝，下到黎民，汉朝沉浸在久违的喜悦中。就在这个当口，主父偃却突然向刘彻提了一个建议：在朔方（今内蒙古自治区乌拉特前旗南）修城设郡，并把它当作"灭胡之本"。

在君臣亢奋时提出这样的国策，主父偃无疑扫了大家的兴。与主父偃素来不和、时任左内史的公孙弘第一个反对，他举出秦朝发13万人修城的失败案例，劝皇帝不要学暴秦那样劳民伤财。

刘彻也征询了其他人的意见，"下公卿议，皆言不便"，没有一个人赞同主父偃的主张。

此时的主父偃表现出了无私为国、一往无前的精神，他站在群臣的对立面，向皇帝痛陈朔方郡的重大战略价值，不屈不挠地请皇帝纳谏。

汉武帝被说动了，"上竟用主父计，立朔方郡"，迁徙汉民 10 万前往朔方屯田戍边。

事实证明，主父偃拥有绝佳的战略眼光。汉匈战争中，朔方郡成为阻断匈奴各部联系的壁垒，小范围地实现了刘彻"断匈奴右臂"的战略构想。尤为关键的是，在此后的战场上，朔方郡一次次成为汉军的中转站、联络点、仓储库、防御堡垒，为汉朝收复河西走廊立下大功。

设置朔方郡展现了主父偃的军事才能，说明他拥有辅佐皇帝解决外部威胁的能力。与此同时，主父偃又用一条大计证明自己在解决内部矛盾上也是一把好手。

元朔二年（前 127 年）三月，主父偃上奏汉武帝，建议将国内的豪强游侠强制迁徙到茂陵邑。

茂陵是刘彻为自己修建的陵寝，刚刚动工，汉代习惯在帝陵附近设城，由于建设规格较高，一些达官显贵也愿意搬到这里来。

既然有人愿意来，为什么主父偃还建议皇帝强制迁徙呢？

原因很简单：汉武帝时期，土地兼并和权贵阶层的崛起带来了严重的"豪强内患"，这些人富可敌国，又兼并土地，祸害地方，对汉朝的统治秩序构成不小的威胁。

当地头蛇好过做笼中鸟，豪强们在地方上过得好好的，谁愿意守着皇帝的坟墓过日子。所以，茂陵邑对这些人没有丝毫吸引力。针对这种情况，主父偃来了招赶鸭子上架，由皇帝发布政令强制挪窝，总之，你去也得去，不去也得去。

就这样，在皇权威慑下，"郡国豪杰及訾三百万以上（的富人）"都离开原籍，迁居到了茂陵。

严格来讲，主父偃的手段也非原创。早在秦始皇时期，就曾"徙天下豪富于咸阳十二万户"，这使得关中地区人口暴增。而且始皇帝不光针对富人，罪犯、商人甚至上门女婿一度也是强制迁徙的对象。

主父偃的高明之处在于，他所针对的是大汉朝廷的内忧。有钱的商人倒还好，关键是"郡国豪杰"。这些豪强游侠长期盘踞国内，游走在法律边缘，与地方势力或诸侯王屡屡勾搭成奸，一直都是朝廷的内忧心患。

主父偃奇谋之下，豪强既可以像秦朝那样"以实京师"，为首都的建设发展做贡献，又可以"外销奸猾"，从物理上割断了豪强游侠作奸犯科的土壤。据司马迁记载，政令实施之后，江湖上的游侠只剩些不足为虑的小鱼小虾，起自战国并盛极一时游侠时代落幕了。

从主父偃对外对内的两次谏言来看，他绝非没有真才实能的学舌鹦鹉。相反，主父偃应当是一位具有超前战略眼光的治国大师。更难得的是，主父偃对汉武帝和国家也有一颗真心，执意劝谏汉武帝设朔方郡就不必说了，从"徙茂陵"这个问题上我们也能看出主父偃的决绝：哪怕是得罪天下豪杰，我也在所不惜。

现在我们来说说主父偃的私德。

称主父偃"公忠体国"是站得住脚的，同时，说他"私德有缺"也不是无中生有。

主父偃说过一句名言，"丈夫生不五鼎食，死即五鼎烹耳"。大丈夫活着，如果不能列五鼎而食，死了也要受五鼎烹煮。这话的可怕程度，大概等同于"不能流芳百世，那就遗臭万年"。

用现代心理学的观点来看，主父偃"病得不轻"，甚至还存在一定的反社会人格。

主父偃也解释了这番心理的由来。

家室贫寒，这是主父偃人生中的第一道枷锁。贫穷给主父偃带来了无尽的屈辱，他曾恨恨地回忆那段"亲不以为子，昆弟不收，宾客弃我"的岁月，父母不把自己当儿子看，兄弟们不肯收留自己，宾客抛弃自己，这样的经历足以异化一个人的心理。

求学过程中，主父偃又给自己上了一道枷锁。主父偃初学的是纵横术，而齐鲁大地又是儒学的故土，主父偃一心想融入读书人的圈子，结果却屡屡遭受排挤，连个知心朋友都没有。后来他又转道燕地、赵地，同样还是不受待见，没有一个人愿意接纳他。

两道枷锁的封闭下，主父偃对俗世洪流怎么爱得起来？

在长安蛰伏又是几年，此时的主父偃已经有了愤世嫉俗的心态。"一封朝奏九重天"之后，他俨然成了一个"政坛暴发户"，建言献策为国出力的同时，也在用各种不寻常的手段寻找内心的平衡。

据史书记载，主父偃极度贪财，他将皇帝的宠信当作敛财的资本。天子红人拥有搬弄是非的能力，所以"大臣皆畏其口，赂遗累千金"，对金钱，主父偃来者不拒，别人给多少他就收多少。这可以解释为"穷怕了"，也可以理解成主父偃在享受权力带来的变态快感。

腰缠万贯显然无法平息主父偃的欲望，权力在手，主父偃开始睚眦必报。"推恩令"颁布后，刘彻委派主父偃任职齐相，一方面是委派主父偃落实推恩令，另一方面也是让他到地方上历练。齐国是主父偃的故乡，也是他的伤心地。主父偃衣锦还乡后干的第一件事让人惊掉了下巴：他向所有的亲戚朋友发出诚挚的邀请，众人齐聚相国府后，主父偃让人抬出五百斤黄金堆在地上，让这些人随便拿，只要拿得动，多少都行。众人兴奋之余，他却立刻变脸，开始一字一句地数落亲朋，并说出那句压在心里已久的话："吾与诸君绝矣，毋复入偃之门。"

用这样一种戏剧性的方式跟所有亲朋故旧绝交，主父偃的阴鸷可见一斑。

对权贵，主父偃也会挟私报复。推恩令执行期间，主父偃就找碴式地刁难齐王刘次昌，最终逼得堂堂诸侯王饮药自尽。虽然打击齐王有为国除害的正当性，但主父偃与齐国的私人恩怨不得不让人怀疑他的动机：其一，早年主父偃在齐地受尽委屈；其二，主父偃发迹后曾提出将女儿嫁与齐王联姻，结果却是热脸贴了冷屁股，主父偃自然会有私愤。

总而言之，主父偃的贪财、阴毒都不是空穴来风，但这些私德上的缺陷也不能构成主父偃无能无才的证据。哪怕是在颇具争议的推恩令"版权"问题上，主父偃也绝非简单的"拾人牙慧"，将推恩令视作新瓶装老酒也是不够客观的。如果我们将贾谊和主父偃的观点铺展开来就能发现，推恩令闪耀着独属于主父偃的才情和创新。

推恩令的"版权"到底是谁的

以贾谊为焦点,历史上曾有过一段"关公斗秦琼"式的著名骂战。

挑起这场骂战的是北宋文豪苏轼。公元 1057 年,年仅 20 岁的蜀地才子苏轼考中进士,一时风光无限。年少轻狂的苏轼某天突然想到贾谊,打量了一下彼此的际遇,他发现自己跟这位西汉大儒有诸多相似之处:二人都是毫无背景的外省青年;贾谊 20 余岁时被汉文帝相中成为博士,后生可畏,苏轼 20 岁考中进士成为天子门生,年轻有为;贾谊一生志向远大,苏轼也不遑多让。

追比圣贤是历代读书人的梦想,但苏轼显然只想追一追贾谊人生的前半段,豪情万丈的他写下一篇《贾谊论》,肯定贾谊才华的同时,也毫不客气地批评了先贤一番。他说贾谊"志大而量小,才有余而识不足",并将其怀才不遇的悲剧归结为个人原因——不能"自用其才""不善处穷"。文中最辛辣的一句是"得君如汉文,犹且以不用死。然则是天下无尧、舜,终不可有所为耶",意思是:在汉文帝这样的贤君手下你都郁郁而终,那要是没有尧、舜难道你就一文不值了?

苏轼的弦外之音是：我要功成名就，不想做第二个贾谊。

苏轼的这番话惹恼了600年后的大儒王夫之。作为明末清初的思想大家，王夫之奉的是正统儒家，历来对苏轼这样的散漫文人颇有微词，见苏轼批评贾谊，也忍不住在《读通鉴论》里进行反驳。他说苏轼就喜欢游山玩水、酒肉情长，只会一些雕虫小技，上位靠的是揣摩圣意、阿谀奉承。苏轼不是暗指贾谊"擅权乱政"吗？王夫之直接把这顶帽子回扣给他，"于谊为诬，于轼允当之矣"，意思是：我看你才是擅权乱政的那个人。

二人分隔时空两岸，自然吵不起来。

贾谊并非王夫之的偶像，《读通鉴论》中，他对贾谊的政治主张也多有批评。只是由于更讨厌苏东坡，王夫之才站在贾谊这边。这种充满个人情绪的写作也带来了一个天大的误会。

后世学者在详论"推恩令"时，多会引用王夫之"分藩国推恩封王之子弟为列侯，决于主父偃，而始于贾谊……偃之说乃以乘时而有功"这一观点。

乍一听，这话好像没什么毛病，主父偃的"推恩令"与贾谊的"众建诸侯"的确存在一定的传承。但仔细推敲，我们便能发现王夫之的错处——他混淆了"推恩令"与"众建诸侯"的核心。如此一来，"推恩令"的独创性便大打折扣，所以后世才会认为主父偃抄袭了贾谊。

这个核心便是"削藩的目标"。

王夫之其实只搞错了一个名词：贾谊的"众建诸侯"的确也是一种推恩削藩，但他推恩的目标是"拆分王国"，简单来说，就是把一个王拆成多个王。主父偃的目标则完全不一样，他是要把一个王拆成"一王多侯"，嫡长子继承王位，其他子弟只是封侯。

也就是说，王夫之所说的，分封诸侯王子弟为"列侯"，并非贾谊"众建诸侯"所求的效果，而是推恩令的开天辟地之举。

"王"与"侯"，一字之差，天壤之别。

前文中我们讲过，汉初的王，不管是异姓王还是同姓王，在政治、经济、军事上都拥有极大的自治权，所以一直是汉朝的心腹大患。

而汉朝的"侯"就不一样了。刘邦立下"非同姓不王"的规矩后，"封侯"便是那些功臣良将的最佳归宿。侯是爵位的一种，王可以建王国，侯也可以拥有侯国。但是，侯国不论是爵位等级还是综合实力都要大大逊色于王国。等级就不用说了，实力方面，侯国与王国的差距不是一星半点。

首先，侯国的规模一般要小于王国。"汉初三杰"中的萧何、张良居功至伟，分别受封为鄼侯、留侯，萧何最初只有8000封户，后来刘邦给他凑足了1万户，张良最终也只是个"万户侯"。其他开国功臣就更别说了，刘邦的心腹谋士陈平只有区区5000户。

这点规模与王国不可同日而语。以七国之乱前的吴楚作比，当时吴国人口约300万，66万户；楚国则有100万户，约470万人。

封户直接反映了封地大小。侯国封地一般只有一县大小，有的甚至跟"乡"差不多。而王国就大多了，如汉初的齐国，有四郡七十多城。

其次，侯国与王国的实力差距还体现在独立性上。刘邦、吕后掌权时，侯国和王国一样，可以敛赋，也可以自置官员。但汉文帝"遣列侯就国"后，侯国的地位就一落千丈。"推恩令"颁布之前，侯国已经变成直属汉郡、受中央政府管辖的行政单元，只在封地内享受部分经济特权，政治、军事上全凭汉廷说了算。

从侯国与王国的差距来看，贾谊"众建诸侯"的威力远不及主父偃的"推恩令"。哪怕贾谊的构思得以实现，朝廷也只是削弱了王国的实力，并没有从根本上剥夺王国的特权，藩王对中央仍会形成掣肘。这一点历史已经给出证明：汉景帝末期，王国数量多达24个，并且中央也剥夺了王国的部分权力，但汉武帝上位后仍然不满诸侯王掣肘中央的现状，为此他不得不另辟蹊径继续削藩。

如此看来，王夫之说主父偃"乘时而有功"显然有失公允。"众建诸侯"可以算作推恩令的1.0版本，但这个版本绘制的蓝图与"推恩令"大相径庭。主父偃在劝谏武帝推恩时就说过，"愿陛下令诸侯得推恩分子弟，以地侯之"。明确是要将王国不断降级，最终变成一个个直属朝廷的侯国。

因此，主父偃在削藩目标上的创新是毋庸置疑的。

除此之外，"推恩令"与"众建诸侯"还有主动执行和被动执行的区别。

贾谊对众建诸侯的表述是"（分）令齐、赵、楚各为若干国，使悼惠王、幽王、元王之子孙毕以次各受祖之分地，地尽而止"。

由此可见，贾谊的主张存在明显的主动性，即让朝廷主动推恩，分割大国。如此一来，朝廷是政策的制定方，王国则是被动执行方。汉文帝时期，诸侯强悍，朝廷担心处于被动一方的诸侯国会抵制这项政策，到时候徒劳无功不说，还会面临难以收场的尴尬。所以汉文帝一朝并没有制度上的"众建诸侯"，只有两次特事特办的"分国"。

而主父偃的"推恩令"巧妙地站到了另一个立场。推恩诏令中的"或欲"二字表明，推恩并非强制执行，而是将决定权交给诸侯国，国王愿意推恩就推恩，不愿意推恩也不算违反政令。我们先不说这背后的原因，仅从诏令表述来看，"推恩令"下的诸侯国变成了名义上的主动执行方，与"众建诸侯"区别明显。

这又是主父偃的一大创新。

值得一提的，"众建诸侯"与"推恩令"的差异并不能折射贾谊、主父偃才能上的高低。原因很简单——二人目标不一致，方法自然不会完全相同。

贾谊向来忧心王国分权这个老大难问题，但他从始至终都没主张过彻底削藩。《过秦论》中，贾谊把秦亡的教训归结成不能"裂地分民以封功臣之后"，而且贾谊还提出过"以亲制疏"的控藩策略，这说明贾谊削藩是为了维护大一统和皇权，稍加削弱并使之可控就行了。在他看来，同姓藩王还有拱卫中央的作用，没必要赶尽杀绝。

主父偃所处的时代则不一样。七国之乱后，朝廷已经意识到诸侯王的可怕，况且汉武帝时期朝廷已然坐大，无须诸侯王"屏藩中央"，因此，主父偃和汉武帝都是要起底沉疴，武帝更是醉心于打造"领土统一、政权统一、人心统一"

的集权帝国，因此他必须确保诸侯王再无翻身的可能。

今天我们可以翻看无穷的史书，并从中得出"分权必乱"的结论。但在两千多年前的汉朝，特别是七国之乱前，贾谊只能看到强枝弱干带来的危害。主父偃也是取了事后诸葛的巧劲，没有晁错激进削藩的前车之鉴，他和大汉朝廷都不会意识到诸侯王真的会"合从以逆京师"。

尽管存在诸多不同，我们仍然不能否认"推恩令"对贾谊思想的传承。二者虽不是"前人栽树后人乘凉"的关系，但在削藩的战略指导上，主父偃明显继承了贾谊"零敲碎打"的构想，所用的手段都是"让更多的人分享一块蛋糕"。

从这点上讲，主父偃借力于贾谊，也正是站在贾谊的肩膀上，"推恩令"才能最终成型并起效。

这便是历史，这便是命运。怀才不遇的贾谊生错了时代，多番献计没有换来几声回响，反观主父偃，出手一次就够他辉煌一世，并且名留青史。

只能说时代埋没了贾谊，时代选择了主父偃。

汉武帝为什么选择了推恩令

汉武帝颁布"推恩令"的时间节点值得玩味。

元朔二年（前127年）春正月，汉武帝采纳中大夫主父偃的建议，正式下诏施行推恩令。

翻开《汉书·武帝纪》元朔二年的大事年表，我们发现推恩令刚好卡在一个奇妙的时间点上：

二年冬，赐淮南王、菑川王几杖，毋朝。

春正月，诏曰："梁王、城阳王亲慈同生，愿以邑分弟，其许之，诸侯王请与子弟邑者，朕将亲览，使有列位焉。"于是藩国始分，而子弟毕侯矣。

匈奴入上谷、渔阳，杀略吏民千余人。遣将军卫青、李息出云中，至高阙，遂西至符离，获首虏数千级。收河南地，置朔方、五原郡。

第一件事是皇帝对诸侯王的恩赏，刘彻允许淮南王、菑川王不来长安朝见。西汉时期，为体现皇恩浩荡，朝廷会额外照顾老弱病残的诸侯王，免去他们长途跋涉之苦。考虑到淮南王刘安向来不安分，而且他在七国之乱时就有谋反意图，因此，刘彻的恩赏怎么看都像是"绥靖安抚"。

第二件事就是河南之战。此战一举扭转了汉匈战争的态势，汉军从此逐渐掌握战争主动权。从史书记载上看，此战发生的时间与推恩令的颁布相差不了几天。

也就是说，汉武帝前脚刚优抚完两位诸侯王，后脚就收到了匈奴入侵的边关告急，并在此时颁布了推恩令。

这看起来有些不合逻辑：在战争形势还未明朗的情况下，汉武帝应该是团结国内的一切力量，攥出一个最大的拳头，一致对外。怎么一边安抚诸侯王，一边又要削藩呢？

其实，这便是推恩令的魅力所在，也可能是刘彻选择它的原因之一。

简单来说，推恩令为朝廷提供了充足的腾挪空间，进可攻，退可守。如果战争失利，推恩可以按照诸侯王的意思来，想给子弟封侯就封侯，不想封朝廷也不勉强；一旦汉军掌握战争主动权，朝廷便可以在推恩上加点"私货"，施压也好，威慑也罢，总有一种方式能让诸侯王乖乖就范。

也就是说，只要时机成熟，推恩可以随时变成推"威"。当然，刘彻也没有坐等时机，河南之战的胜利其实也在预料之中。

早在元光六年（前129年），汉武帝派出四路大军主动出击。其中三路都败于匈奴，但卫青所率的一万骑兵直捣龙城（匈奴祭天及各部会盟的地方），插进匈奴腹地不说，还斩首700余人。此战打破了匈奴不可战胜的神话，也为汉军接下来的胜利埋下伏笔。

河南之战扭转乾坤，朝廷便以此为契机将矛头对准了国内，"推恩令""徙豪强"都在这年紧锣密鼓地推行，力度明显加强。

刘彻选择推恩令的另一个原因是朝廷削藩手段匮乏。

汉武帝之前的削藩历史并没有多少成功经验，总结起来主要有以下几种：

第一种是仿效汉高祖刘邦，结合武力和权谋，极速削藩。但这一手段放到汉武帝朝明显过期了，刘邦削藩的对象是异姓诸侯王，可以不留情面地痛下杀手。但汉武帝面对的都是汉室宗亲，是一帮剪不断理还乱的亲戚，怎么可能仿汉高祖旧事果断杀伐。再者说，那时候的诸侯王威胁中央，非削不可。而汉武帝时期的诸侯王不可同日而语，朝廷用蛮力削藩师出无名。

第二种削藩方式便是贾谊提出的众建诸侯。前面我们已经讲过，"众建诸侯"与"推恩令"有雷同的地方，汉文帝时期采纳贾谊的计策也成功削弱了齐国、淮南国，但"众建诸侯"都是特事特办，难以借鉴。而且众建的目标是"分一国为多国"，并没有触及王国的特权，仍是治标不治本。更关键的是，"众建诸侯"下，朝廷还是要主动"举刀割肉"，这种以上对下的"霸凌感"难免会招致诸侯王的普遍反对，这是刘彻不想见到的。

第三种削藩便是汉景帝时期的"削地"。这是离刘彻最近的一段削藩故事，也是直接影响他削藩政策的大事件。七国之乱后，晁错的削藩变成了反面教材，成为后代的"警示钟"。主父偃出言献策时还特地强调"今以法割削之，则逆节萌起，前日晁错是也"。可见这种激进的削藩不会入汉武帝法眼，站在他的角度，诸侯王实力是弱了，但谁能打包票说他们会乖乖就范？后来发生的三王叛乱也证明，诸侯王造反不是"能不能"的问题，而是"想不想"的问题。

以上三种制度性削藩之外，还有一种极其被动的削藩手段——等待诸侯王无后，依例除国。比如西汉最后一个异姓王吴著，死后无子，封国自然就销户了。

这种手段不算制度性削藩的一种，对朝廷来说，只能说是"意外收获"，也不能从根本上解决王国难题。更别说汉武帝雄才大略，野心昭著，哪里有这种耐心。

说是走投无路也行，说是主父偃一击即中也不错，总之，在为数不多的选择面前，刘彻相中"推恩令"毫无意外。

一个计划最终被采纳，决策者必定会考虑它的可行性。如果把推恩令比作一味良药，那让它见效的唯一难题在于"如何让病人服下"。

这次，又是儒家"功德无量"。

自刘彻"独尊儒术"以来，董仲舒的改良儒学粉墨登场。天人三策中，董仲舒加固了"君权神授"理论，将皇帝说成上天在人间的代理人。又通过"王道之三纲"强化了尊卑秩序，使得皇权上升到前所未有的高度。

举个简单的例子。董仲舒认为"君为阳、臣为阴，父为阳、子为阴，夫为阳、妇为阴"，照他的意思，臣下只能依附皇帝，儿子只能依附父亲，妻子只能依附丈夫。而且，董仲舒还将伦理道德跟"天意"对应，子承父意，妻承夫意，臣承君意，这些才是顺天意的行为，如果违反了，那就是大逆不道。

董仲舒确立的这种三种等级服从关系无疑是为统治者服务的。所以，刘彻将董仲舒的这套理论不遗余力地推广全国。

三纲五常的可怕之处在于，一旦你真心接受了它，那你就不再拥有独立的人格。你可以是父、夫，但总有一个"君"在你头上。更可怕的是，哪怕你阳奉阴违，对它嗤之以鼻，只要你活在浸润着这套思想的土地上，你便是异类，所谓"君要臣死，不死便是忤逆"。

刘彻对汉朝的思想改造一举多得，统一了思想，加强了皇权不说，也为推恩令培育了扎根的土壤。而推恩令恰好又打着"仁政"旗号，皇帝只是"提出建议，给出办法"，处处体现儒家之风，诸侯王就是心里排斥也不好借题发挥。

这便是刘彻选择推恩令的第三个理由：它适配儒学清洗后的家国环境，可行性极高。

身处当时的情境，再以皇帝的视角出发，推恩令似乎是唯一的选择。主父偃向汉武帝描述的美好蓝图大概如此：诸侯王大多子孙成群，推恩一次，大国支离破碎，侯国直属中央，王国龟缩一隅。一代过后再次推恩，王国无忧矣！

对此，刘彻应该是相当满意的，否则也不会言听计从，立刻下诏。但在上马落实之前，有一个问题可能也困扰过刘彻——推恩令允许诸侯王便宜行事，而我们又想阳予阴夺，万一诸侯王都不愿意推恩，那该怎么办？

从后续故事来看，刘彻很快就找到了答案。

第七章 圣恩里的白刃

推恩令显然不是只有"仁政"的表皮,它利用人性,重新制定了一个蛋糕分配方案,用一招乾坤大挪移成功转移了矛盾,使得推恩外软内刚,初步具备了分化瓦解的功效。

　　与此同时,汉武帝又穷尽手段,或以威权恫吓,或以制度匡正,迫使诸侯王不得不接受皇帝的"好意"。

　　多管齐下,推恩令这才与现实产生了剧烈的化学反应,帮助大汉帝国解决了困扰近百年的难题。

你知道推恩令有多高明吗

1938 年 9 月 29 日至 30 日，英国、法国、纳粹德国、意大利四国首脑齐聚慕尼黑，并在这里签下一纸荒唐协定。这便是历史上臭名昭著的《慕尼黑协定》，全称《关于捷克斯洛伐克割让苏台德领土给德国的协定》。

《慕尼黑协定》之所以荒唐，是因为英、法、德、意四国开会，协商的结果是让一个全程缺席的国家割让领土。捷克斯洛伐克"人在家中，祸从天降"。

崽卖爷田不心疼，英、法两国出卖的还只是一个关系平平的远房小弟，心里更没有顾虑。会议记录显示，四国首脑从 9 月 29 日 12 时 45 分正式开会，次日凌晨 1 时 30 分签订协议，用时不到一天。

双方媾和如此之快是因为在《慕尼黑协定》中，受害者只有捷克斯洛伐克。英、法没有出让一寸土地，没有赔偿一毛钱，德、意则只需挥动手笔就能壮大轴心，唯一的受害者还不能插足，双方自然能痛快签约。

这点上，推恩令似乎如出一辙。所不同的是，《慕尼黑协定》喂不饱野心勃勃的德意志，无法阻止世界大战的爆发，推恩令却因"只有一个受害者"而进发活力，助力西汉朝廷削藩。

传统削藩情境中，无论是割地还是收权，中央政府都会触及藩国权贵阶层的整体利益，双方的矛盾表现为"中央与地方的权益之争"，一个要夺，一个要留，势同水火。

为什么封建王朝历来在削藩问题上慎之又慎？还不是担心水火不容，引发政权动荡。由于朝廷不分良莠地一刀切，王国内部在遭遇削藩时往往会同仇敌忾，有实力、有野心的就跟朝廷对着干，孱弱一点儿的也会心存不满，拖延阻挠。

七国之乱时，吴王刘濞之所以能"倾全国之力"，原因就在于汉景帝将整个吴国推向了对立面。刘濞就不必说了，首当其冲，而刘濞的子孙、属臣也会因为地盘收缩造成利益受损，与吴王坐上了同一条船。这种"上下一心"的凝聚力使得吴国内部牢不可破。刘濞的两个儿子本有储位之争，唯一继承制下，这是可以想见的矛盾。但面对朝廷的咄咄逼人，他们也能放下成见，随父亲一同举兵。直至刘濞败亡东越，两个儿子仍然不离左右。

究其原因，还是人性使然。所有人都明白，覆巢之下岂有完卵，利益共同体之间的纽带往往格外牢固。

而推恩令恰恰割裂了这种利益纽带。

自周朝正式确立嫡长子继承制以来，嫡长子之外的嫡子或庶子原则上是没有身份继承权的，当然也有例外，如无嫡或者长子早夭。此外，藩王也可以根据情况指定继任者。

在这一原则下，哪怕是天子的骨血，也只能降格获得爵位。西汉时期，王国的继承制度与朝廷并无二致，所不同的是，皇帝在太子之外还可以给其他儿子封王，但王国的支庶只能获得部分财产，藩王没有权力分封子弟为侯。赢家通吃的规则下，嫡庶矛盾自然存在。

推恩令巧妙地利用了王国的这一内部矛盾，重新确立了一套利益分配方案：嫡长子或指定继承人仍然可以承袭王爵，而原本丧失"身份"的其他儿子，在圣恩沐浴下可以获得侯爵。侯国的封地从王国中划分出去，直属汉郡。这套方案整合了四方利益。

第一，中央政府以零成本换来王国的削弱，是最大获利方。"侯"只是一种爵位，要多少就可以给多少，而侯国的封邑又是从王国中分割而来，朝廷不损一丝一毫。

第二，诸侯王的既有利益原封不动。推恩令只是调和王国内部的利益分配，并不会造成利益外流，"肉还是烂在自家锅里"，因此有些诸侯王还会主动请求分封子弟为侯。学者钱穆对此也有论述，他认为，"诸侯之嫡长继为诸侯，而其支庶亦各有觊觎侯位之心。有父母者同爱其子，不愿专传重于嫡子，而亲视其支庶为庶人"。爱子之心人皆有之，一些诸侯王也不希望支庶子弟沦为平民，因此他们巴不得奉命推恩。

第三，诸侯王支庶的利益得以扩充。诸侯王的其他儿子原本只有财产继承权，而且这点继承权还要仰仗嗣王（继承人）的恩德。推恩令下，这些人得到封地，财产权固定了，又得到了朝廷拟定的爵位，白捡来一顶高帽，谁不愿意呢？因此，支庶子弟势必会拥护朝廷的英明决策。

谁都知道，在"蛋糕不做大"的情况下，有得必有失。四方博弈中，朝廷、诸侯王、支庶三方不损纤毫甚至获利颇丰，那最后一方——嫡长子——当定了冤大头。

推恩令之前，嫡长子就是下一任诸侯王，父亲有什么我就有什么。一旦施行推恩，嫡长子将丧失大片封邑。碰上生育能力一般的父亲还好说，分几块地出去自己这一代也不会太紧巴，要是碰上中山靖王那样的父亲，生了120多个儿子，地盘分给兄弟后必将所剩无几。

因此，嫡长子便成了"最大受害者"，也是"唯一的受害者"。

推恩令的巧妙也在于此。

尽管嫡长子的利益受损极大，但在尊卑秩序中，诸侯王仍是王国的唯一话事人。国王同意推恩，嫡长子也无可奈何，只能眼睁睁地看着本该属于自己的王国被兄弟瓜分。

拉拢强势，打击弱势，推恩令明显继承了主父偃的纵横基因。通过推恩，权力最大的国王、人力最多的支庶率先得到恩抚，孤家寡人的嫡长子成为牺牲品，这的确像极了《慕尼黑协定》，嫡长子和捷克斯洛伐克的处境一样，事虽关己，却因为缺少话语权不得不高高挂起。

通过推恩，朝廷玩了一手矛盾转移。以惯常思路来看，朝廷要削藩，那矛盾便只存在于中央和地方之间，利害关系也一目了然，就得是"割地方的肉喂朝廷的口"。但主父偃的推恩令从这种看似无解的矛盾关系中跳脱出来，不再参与其中，而是以居中整合的方式，将"中央与地方的矛盾"巧妙地转化为王国的内部矛盾，如此一来，中央可以冷眼旁观，最终坐收渔利。

矛盾掉转的情况下，推恩令哪怕不能被贯彻，也可以分化和瓦解铁板一块的王国内部，有时还会有意想不到的收获，如推恩令对淮南国的分化。

因父亲刘长在汉文帝时期作乱事泄而死，淮南王刘安对朝廷一直心存不满，七国之乱时，他本答应出兵帮助刘濞，由于兵权被国相骗去而作罢，但侥幸躲过汉景帝清洗的刘安仍有不臣之心。

汉武帝临朝时，淮南国太子刘迁与郎中发生冲突，皇帝以此由下诏削去淮南国的两个县，这让刘安愤愤不平。于是，刘安命令手下制作皇帝印玺，预谋造反。没承想，刘安的谋逆之举很快就被告发，汉武帝派人彻查，刘安自知无力回天，只能自杀。

造反本是绝密，淮南国又远在天边，皇帝是怎么及时察觉的？

原来，淮南国出了"内奸"，告密者不是别人，正是刘安的孙子刘建。刘建是刘安庶子之后，依推恩令，刘建本可以封侯受邑，但爷爷刘安对朝廷向来不"感冒"，再加上诏令允许诸侯王便宜行事，他便打算保持现状，不做推恩。既为了父亲，也为了自己，刘建毅然决然地举报了祖父。

只因一纸尚未施行的推恩令，淮南国土崩瓦解。

值得注意的是，推恩分封存在两种时机，一是诸侯王在位时立储并分封支庶，以上所讲大抵是这种情况下的分封。第二种时机则是诸侯王去世后嗣王对兄弟的分封。

依照常理，如果先王没有推恩或者来不及推恩，嗣王为了保住既得利益，会本能地排斥分封兄弟，这似乎会让推恩无隙可乘。

幸运的是，推恩令本身就具备弥补这一漏洞的价值。

汉朝明确规定："尝有罪耐以上，不得为人爵后。"这意味着，一旦嫡长子触犯汉律，将无权继承父亲的王位。支庶们对此了然于心，因此他们往往会在王位更迭之际借机告发嗣王违法乱纪，以谋取私利。在此情况下，为保证自己顺利继承王位，嗣王势必要拉拢支庶子弟，调和王国内部矛盾，而主动执行推恩令，让支庶兄弟位列封君，不但能够向朝廷示好，还能迅速弥合兄弟间的离心离德，不失为嗣王的最佳选择。

以江都国的推恩为例。江都王刘非死于推恩令颁行之际，此时江都国并未推恩。刘非薨逝，其幼子的母亲便指使他人向朝廷告发王太子在父丧期间淫乱，以图借刀杀人，为儿子争个远大前程。太子得知此事后，便立刻上表主动推恩，分封支庶子弟五人为侯。或许是刘彻心领了这份自知之明，对太子淫乱一事便不再追究。

淮南国和江都国的内讧再次说明，推恩令果真是"釜底抽薪的法家权谋"。即便如此，明面上，推恩令仍然不脱皇恩浩荡。宋元之际的历史大家马端临说，"众建则自上令而行之，为俭为吝。推恩则本下情而行之，为恕为仁"。在他看来，汉文帝众建诸侯落了个"俭吝"的名声，而推恩令是"本下情而起"，照顾了数量庞大的弱势群体，算得上仁恕之道。

当然，还是有诸侯王冥顽不化，看准了推恩令为体现仁政而释放出的弹性空间，以此避开推恩。可惜的是，这不足以抵消推恩的强大后劲，皇权高高在上，刀枪剑戟，明操暗纵，总有那么一种手段可以让诸侯王乖乖自愿……

给你脸不要，那就要你命

为了天子的形象和王国的体面，刘彻不是没有和颜悦色过。

推恩令昭告天下时，刘彻也曾苦口婆心，并褒奖了两位推恩楷模——梁王刘襄和城阳王刘延，二人因主动上疏将王国土地分给兄弟，皇帝盛赞他们"亲慈同生"，顾念同胞之情。刘彻还许下承诺，其他诸侯王要推恩的，他一定亲自过问，备好侯爵虚位以待。

再糊涂的人都能看得出来，这是皇帝恩赐的台阶，意在温和地提醒诸王，有人已经体谅朝廷的良苦用心，率先垂范，希望你们也能以此为榜样，身体力行。

部分诸侯国政治嗅觉灵敏，立马借坡打滚。梁王刘襄、城阳王刘延早有耳闻，所以诏令正式颁行之前就托主父偃给皇帝带话，主动请求推恩。一些与汉武帝关系密切的封国，如长沙国、鲁国、河间国，都是刘彻兄弟的初代封国，此时已传至第二代，也都积极响应朝廷政策。这三国虽不大，子孙却很兴旺，朝廷在其境内一口气封了 33 个侯。

推恩令初见效果，七国之乱后本就缩水的诸侯王国版图再次大幅收窄，王国整体实力也一落千丈。

以其中面积最大的长沙国为例。长沙定王刘发本是汉景帝的第六个儿子，因母亲唐姬的侍女出身，刘发一直不受汉景帝待见，封地也是偏远潮湿的长沙郡。景帝46岁生日时，刘发给父亲跳了段舞，汉景帝心中不忍，便将桂阳、零陵、武陵三郡划归长沙国。虽然都是贫瘠之地，域广人稀，但拥有四郡的长沙无疑也算大国诸侯。

刘发去世一年后，推恩令正式颁行。16个儿子中，嫡长子刘庸继承王位，是为长沙戴王，其余15个儿子也依推恩令尽数封侯。长沙国的地盘足够大，奈何僧多粥少，勉强凑出15块封地后，长沙国七零八落，到西汉末年，其面积已不足建国时的1/5。

从长沙国析分出去的侯国就更不用说了，长幼有序的礼法制度下，一些王子得到的封地少得可怜。

例如，庶子刘买受封春陵侯，封地在零陵郡泠道县的春陵乡，治所在今湖南省宁远县柏家坪镇。据《东观汉记》载，春陵侯国传至第三代时，有"户四百七十六"，户数与今天一个普通的行政村相当。

饶是如此，支庶子弟仍是推恩的受益者和拥护者，如果没有推恩令，他们可能连这点封邑都得不到，后代也极有可能早早地沦为平民。

对这些主动响应的诸侯国，朝廷还是给足了面子，公开嘉奖不说，支庶封侯的承诺也照实兑现。

人有形形色色，国也有林林总总。汉武帝时期，境内有血脉亲近的藩国，也有亲缘淡薄的藩国。燕国、齐国、淮南国就属于后者，而他们对推恩令显然执另一种看法。

其中，燕王刘定国是刘邦远房堂兄弟的后代，离皇室核心圈最远；齐王刘次昌是刘邦庶长子的后代，几代血缘稀释下来，已属远亲；跟他们相比，淮南王刘安还能算个近亲，他是汉景帝的堂弟，汉武帝刘彻的堂叔。

这三个藩国对朝廷的推恩令态度一致——反正诏书上写明了"自愿原则",那我们不推恩也无可厚非。

这显然不是朝廷愿意接受的结果。如果早几年,汉武帝可能会忍一忍,那时汉匈战争的态势还不明朗,刘彻需要团结一众力量。河南之战尘埃落定后,汉朝一举扭转乾坤,再加上对豪强的打击也已接近尾声,刘彻终于可以腾出手来对付骄纵的诸侯王。

鉴于推恩令的确给予了诸侯王自行决定的权利,刘彻也不好借题发挥,所以,他用了一个特殊工种——酷吏。

汉武帝时期的酷吏留名后世,他们在打击犯罪、维护社会治安方面毫不手软,作用明显。但由于这些官员手段残酷,擅长深文周纳,网罗罪名,酿成了不少人间悲剧。尤为关键的是,酷吏并不尊重法律,而是忠诚于皇帝的意志,因此,刘彻一度视酷吏为左膀右臂,借助他们打击不法官员和地方豪强。《史记》的作者司马迁见证过酷吏治国的可怕,撰写《史记》时,还特地为这个群体开了专栏,取名"酷吏列传"。

面对那些辜负自己"一番好意"的诸侯王,酷吏再次被派上用场——你不想体面地推恩,那朝廷就帮你"体面"。

主父偃不在《酷吏列传》当中,却也以手段狠毒著称,再加上又是推恩令的发起人,因此他成为执行皇帝意志的不二人选。

主父偃的第一个目标是燕王刘定国。

于公于私,主父偃对刘定国都不会手下留情。私人层面,早年不得志时,主父偃四处游走碰壁,燕地也在其中;公事层面,主父偃需要推恩令增加政治资本,刘定国对此置若罔闻,主父偃也不能放过他。

酷吏临朝,哪怕是身正都怕影子斜,更何况刘定国本就一身破绽。

西汉一代,诸侯王的私生活极度混乱,《红楼梦》中有"脏唐臭汉"一说,所指正是汉朝权贵那些"臭不可闻"的男女私情。

而刘定国恰恰就是"臭汉"的集大成者,他满身罪恶,主父偃甚至不需要筹谋划策，他授意深受刘定国其害的人举报刘定国，既不网罗罪名，也不煽风点火。

这次，朝野公卿的意见出奇一致——皆议曰："定国禽兽行，乱人伦，逆天，当诛。"

刘定国没脸见人，提前自杀，燕国国除。连推恩都不用了，燕地直接纳入汉郡。

主父偃的下一个目标是齐王刘次昌。

前文提过，齐国是主父偃的故乡，也是他受难的起点，又因为与刘次昌有私仇，主父偃对刘次昌可谓恨之入骨。推恩令发布前后，主父偃就劝谏皇帝，齐国富庶，人口众多，应该封给皇弟皇子，而不是给刘次昌这样的远亲。

推恩大计昭告天下后，刘次昌不声不响，没有任何回应。刘彻不再枯等，他任命主父偃为齐相，直接赴齐国代天子行事。

恰好，刘次昌也是个"臭汉"，主父偃履职之前就听说过齐王后宫的腌臜事。他到任后立刻动用酷辣手段，将齐国王宫的宦官悉数逮捕，逼迫他们交代齐王的罪行。

自知难逃一死的刘次昌服毒自杀，自此推恩令在齐国畅通无阻。

其实，西汉时期诸侯王乱伦、杀人屡见不鲜，跟刘定国、刘次昌一样下场的却不多。比如汉宣帝时期，清河王刘年与齐王刘次昌犯罪事实一致，但刘年只是"废迁房陵"，皇帝还恩旨"与邑百家"。

汉武帝也没做到一视同仁，济川王刘明杀掉太傅、中傅这样的高官，刘彻高举轻放，并未诛杀。究其原因，还是此一时彼一时。燕王、齐王恰好撞到推恩的这个当口，于是顺理成章地成为杀鸡给"侯"看的样板。

淮南王刘安的下场更能说明问题。刘安只有两个儿子，就算推恩也不会伤筋动骨，可他偏偏对朝廷的政令视若无睹。被孙子刘建告发谋反之后，刘安遭遇了汉武帝一代名声显赫的酷吏张汤。张汤逮捕了大量淮南国官员，重刑之下，刘安的罪行自然罄竹难书。朝廷趁机斩草除根，刘安自杀，淮南国大小官吏有罪的治罪，没罪的也因未能阻止谋反而被充军。

同是刘氏骨肉，皇帝当然希望给诸侯王一个体面的退场方式，这也是刘彻力主推恩的内情，但部分诸侯王的消极态度显然不是皇帝喜闻乐见的。这也说明"推恩令"的仁政只是流于表面，只要时局允许，皇帝随时可以翻脸。

这便是朝廷推恩时所留的后手，所谓"金杯共汝饮，白刃不相饶"，皇权恫吓之下，推恩势如破竹。

据统计，元朔二年至元朔三年，武帝依下所请，分封王子侯104人，还曾创下一天之内封侯24人的记录。而在汉武帝之前，汉高祖封王子侯4人，吕后封7人，汉文帝封14人，汉景帝封7人。也就是说，刘彻两年内所封王子侯的数量几乎是前代总和的4倍。

值得一提的是，作为皇帝执行推恩的打手，酷吏和诸侯王一样，大多成为皇权的祭品。张汤后来协助汉武帝改革币制，实施盐铁官营，功劳不可谓不大，其下场却是遭诬告而自杀。

主父偃则更为悲惨。执行推恩时，他得罪了不少刘姓王侯，早就成为众矢之的。汉武帝的兄长、赵王刘彭祖率先发难，他向皇帝举报主父偃受贿，并指责他逼死齐王刘次昌。

主父偃承认受贿，却否认逼死齐王一事。汉武帝本想放他一马，可群臣激愤在内，宗室哭诉在外，为安抚众人，公元前126年，推恩令颁行一年后，刘彻下令诛杀主父偃，并夷其三族。

誉谤满身的主父偃就此谢幕，和晁错、张汤一样，他也成了皇帝用完就丢的弃子。

主父偃死了，但他的遗策还在继续。驾轻就熟的刘彻已然摸准削藩的门道：权力，只有绝对的权力才能带来绝对的臣服。于是，推恩的同时，刘彻又用权力罗织了一道道法网，多管齐下，恩威并施，诸侯王想不"体面"都难了。

推恩在前，律令在后，谁也别想反

元狩元年（前 122 年），淮南王刘安伏法后，刘彻又挖出两起连根错节的大案。

衡山王刘赐是刘安的弟弟，朝廷查出他曾到淮南国与刘安密谈，且"日夜从容王密谋反事"。刘赐见事情败露，自杀谢罪，衡山国除，改衡山郡。

两案并查，朝廷又有意外收获。江都王担心淮南、衡山起兵后会吞并自己，使出了一招莫名其妙的应对之策：他在封国内打造兵器，擅刻皇帝印玺，并收集全国的地理及军事部署地图。东窗事发后，江都王被迫自杀，江都国除，改广陵郡。

三王叛乱并没有打乱皇帝的削藩计划，相反，刘彻借此发难，颁布了大量针对诸侯王的政令，围绕推恩这个核心，使得汉武帝时期的削藩上升到前所未有的强度。

史书记载，在刘彻授意下，酷吏捕风捉影，为追查同党无所不用其极，最终"坐死者数万人"。这是给所有诸侯王发去的一个恐怖且强烈的信号：这次皇帝要动真格了。

果不其然，刘彻的雷霆手段迅速降临。

首先，为防止诸侯王再度串联谋逆，刘彻为其量身定制了一套孤立制度。

《汉书·诸侯王表》记载，"武有衡山、淮南之谋，作左官之律，设附益之法"。这便是刘彻的第一道撒手锏——《左官律》和《附益之法》。

《左官律》针对的是诸侯王的人事制度。汉代以右为尊，以左为卑，所谓"左官"就是在诸侯王手下当官。《左官律》规定，在王国做官的就不能住在长安，也不能再升迁。汉朝官吏如果私自到诸侯国任职，还会构成"左官罪"，要负刑事责任。如果诸侯王犯罪，左官也要连坐。

没有人会怀疑《左官律》的权威，三王叛乱后，朝廷对三国官吏的大面积清算已是明证。刘彻此举意在杜绝臣民擅自出仕诸侯的现象，并借此削弱诸侯王的私人班子，进而达到"剪其羽翼，孤立其身"的目的。

《左官律》限制的是王国的内部势力，《附益之法》则是从外部斩断诸侯王伸向朝廷的黑手。

诸侯王也深知"朝中无人莫做官"的道理，因此往往贿赂权纽重臣，以此给自己谋利或消灾。《附益之法》规定，朝廷大臣结交诸侯王并帮助其不当获利，或者自己受贿，即可认定为"附益"，造成严重后果的，最高可判死刑。

从内到外的孤立还不够，刘彻又用《阿党法》加强对诸侯王的监督。长期以来，王国的相国、太傅都由朝廷直接任命，他们本该是皇帝的耳目，但总有一些人禁不住拉拢腐蚀，与诸侯王沆瀣一气，对不法之举也常常睁一只眼闭一只眼。针对这种情况，刘彻推出《阿党法》，"诸侯王有罪，傅、相不举奏，谓之阿党"。这就迫使国相、太傅时刻站到皇帝一边，对诸侯王的监督不敢有丝毫懈怠，真正成为朝廷派驻到地方的定海神针。

在所有孤立诸侯王的措施中，《出界律》无疑影响最大。

七国之乱时，吴王刘濞四处活动煽风点火，三王叛乱中，刘安与弟弟谋于密室。三人成众，刘彻深知一盘散沙和万众一心的区别。于是他希望借由《出界律》来限制诸侯王的肉身活动范围，将其终身圈养在封国之内。

《出界律》就是刘彻给诸侯王出具的人身限制令，它禁止诸侯王私自离开封地。如此一来，除非得到朝廷许可进京朝见，诸侯王终生不得离开王国半步。违反《出界律》的后果也很严重，一般都是国除为郡，国王降爵为侯。

《出界律》的影响之大不限于汉朝，后世不少朝代多有承袭这种弱藩精神的做法，其中尤以明朝贯彻最深。

明朝建国之初，明太祖朱元璋就规定，藩王未经皇帝批准，不能离开封地。第五个儿子周王朱橚有一次偷偷离开封地去了凤阳老家，朱元璋得知后勃然大怒，差点将他废为庶人，虽然最后由于爱子心切而作罢，但已足见朱元璋对藩王串联的恐惧。

朱棣靖难成功后也没有废除这项规定，这也造成了不少亲情悲剧。一些藩王甚至不愿就藩，因为一旦离开就有可能再也见不到父母，就算父母去世，也不能回来奔丧。明朝对《出界律》的忠诚难以想象，法外开恩的特例极少，就连万历皇帝最宠爱的弟弟福王朱常洵也不能幸免，他28岁离开北京到洛阳就藩，56岁时死于闯军之手，28年间，朱常洵没有回过北京，也再没见过曾经朝思暮想的母亲。

《出界律》有违人性不假，但这显然不在皇权考量之内，刘彻要将诸侯王彻底改造成人畜无害的吉祥物，这一措施也不过是题中之义。

从内到外、由表及里地孤立诸侯王之后，刘彻仍不满足。为确保推恩效果最大化，他又推出了《非正与乱妻妾位之律》。

如果说《出界律》有违人性，那么《非正与乱妻妾位之律》就是有悖人伦，而且处处彰显着皇权的霸道。

依照推恩令，嫡长子继承王位，支庶获封侯爵。但不是哪个王国都有嫡子，有的是正妻无出，有的是嫡子早夭，总会有意外情况。

无论是依照礼法还是惯例，诸侯王应当可以改立庶子为继承人，毕竟庶子也是自家骨血，汉文帝刘恒当年也是以庶子的身份入嗣大统。

但朝廷可以放火，诸侯王却不能点灯。《非正律》明令禁止了这种做法，它不认可"有嫡立嫡，无嫡立长"这一原则，只允许正妻之子为嗣，嫡长子去世可以由嫡次子接替，如果没有嫡子，则国除为郡，庶子再多也只能干瞪眼。对庶子，朝廷也不封侯了，都当平民去吧！

如果诸侯王改立庶子为继承人呢？朝廷防的就是这一手，法律规定，"立庶为王"就是"非正"，后果很严重，国照样要除，王子还是要废为庶人。

立庶不行，那废掉正妻扶妾上位总可以吧？对诸侯王来说，这招暗度陈仓早有先例，似乎最为可行。

作为皇十子的刘彻原是妥妥的庶子出身，母亲王夫人并非正宫皇后，因此刘彻名义上无权染指皇位，和其他支庶一样，逃不过封王就藩的命运。汉景帝前元七年（前150年），太子刘荣突然被废，刘彻的人生迎来重大转机。

汉景帝喜欢刘彻，有意立他为太子，为此，他先是废掉无子无宠的薄皇后，将王夫人扶正为后。母亲成为皇后，刘彻不久便顺利当上了太子。

如此看来，诸侯王"循皇室先例"，重立嫡庶似乎无可厚非。

谁承想，"子以母贵"的刘彻反手就堵死了这条路。《非正律》禁止以废妻立妾的方式颠倒嫡庶身份，如果诸侯国这么做，那就是"乱妻妾位"，处罚更严重，国王被贬为庶人不说，有时还要被流放。

稍加梳理，我们就能看出诸侯王的生育困境：国王不孕，妻妾再多也是徒劳，国除；国王可以生育，正妻不孕，国除；嫡子正常出生，早夭无后，国除；立妾为妻，以庶充嫡，国除。

在生育科学尚不发达的汉朝，王国续后便成了一门概率学。从诸侯王和众庶子的角度看，这哪里还是推恩，分明就是"连坐"。

应当指出的是，《左官律》《附益之法》《阿党法》《出界律》《非正与乱妻妾位之律》都是西汉朝廷为削藩诸侯王而订立的制度，既不属于推恩令的一部分，也没有涵盖推恩令，它们都是独立成文的诏令法规，所以不能以此消解推恩令的"仁政"表皮。只是这些严刑峻法也说明了西汉朝廷已经意识到推恩存在一定的局限性，故而利用配套制度进行针对性的缝补。

推恩主旋律下，孤立、监视、限足轮番亮相，再辅以严格的宗室礼法，汉武帝的削藩交响乐奏出了最强音。诸侯王自知胳膊拗不过大腿，也不再负隅顽抗，借着推恩令这个台阶，不少诸侯王上表请封，一些诸侯国在国王薨逝无主时也会主动执行推恩。

元朔三年之后，汉武帝又陆陆续续分封74个王子侯，由此，汉武帝一朝王子侯总数达到178个。巨量的侯国不断蚕食王国土地，彼涨此消，最终形成"大国不过十余城，小侯不过数十里"的局面。由于侯国直属汉郡，碎割之后的王国又陷入重重圈围之中，"汉郡八九十，形错诸侯间，犬牙相临，秉其阨塞地利"，如此，诸侯王就算作乱也没有一丝胜算了。

刘彻总算窥见了"藩国自析"的门道，而他也没有止步于此。推恩封侯的同时，刘彻又用帝王权谋"寻衅滋事"，给殓葬诸侯王的棺椁钉上了最后一根铆钉，自此之后，朝廷再无宗室内患。

为什么说"无情最是帝王家"

元鼎五年（前 112），南越国相吕嘉杀害国君及汉朝使者，汉武帝刘彻命十万大军兵分五路平叛。

听说皇帝再度用兵，齐国国相卜式热血沸腾，立刻呈上一道令刘彻心花怒放的奏疏："臣闻主忧臣辱，南越反，臣愿父子与齐习船者往死之。"不但打算父子上阵，卜式甚至还考虑到这个藩属国境内河流湖泊众多，要带会驾船的齐人前去助战。

汉武帝以超高规格的褒奖予以回应，他公开下诏称赞卜式"虽未战，可谓义形于内"，并"赐爵关内侯，金六十斤，田十顷"。

这给得也太多了！

其实，刘彻并非被一道表忠心的奏疏冲昏了头脑。他之所以这么做，是希望立卜式为榜样，号召全国王侯有钱的出钱，有力的出力，与朝廷共渡难关。

朝廷真的很难：自马邑之战以来，刘彻南征北战二十余年，耗尽了祖父两辈的遗产，此时国库空虚，人口缩减。征讨南越国前，汉朝又在西羌用兵，财力、人力、物力皆缺。

但诸侯的反应令刘彻颜面尽失："布告天下，天下莫应。列侯以百数，皆莫求从军击羌、越。"也就是说，数以百计的列侯全部装聋作哑，无人响应。

在旁人看来，这实在太不寻常。国家有难，诸侯坐享富贵，就算没有卜式那般"主忧臣辱"的政治觉悟，捐点钱出点力，哪怕表一下忠心也是可以的。何至于鸦雀无声？

未知他人苦，莫劝他人善。面对皇帝的旁敲侧击，诸侯当然也心知肚明，只是他们实在也有难言的苦衷。

其中最大的苦衷便是囊中羞涩。

汉武帝之前，汉朝历代君主分封王子侯 32 人，其中 4 人有食邑户数记载：平陆侯刘礼 3267 户，沈犹侯刘秽 1380 户，红侯刘富 1750 户，棘乐侯刘调 1213 户。平均下来，每侯 1902 户。

刘彻推恩之后，封侯大放水，侯国含金量贬值极大。由于资料失载，178 个王子侯中，食邑户数有据可查的仅两人，分别是山原侯刘国 550 户，安郭侯刘富 520 户，平均每侯 535 户。

两相对比，汉武帝时期的侯国的食邑比前代缩水了至少 2/3。

这点食邑显然不足以让侯国坐享富贵，事实上，汉武帝时期列侯的生活捉襟见肘，甚至出现"诸侯贫者或乘牛车"的现象。财政窘境在几代传承后愈发严重。仍以长沙王刘发的儿子刘买为例，受封春陵侯的刘买食邑户数当在 500 以下，传到四世孙刘秀这里已经没有任何家底，这位未来的东汉开国皇帝不得不靠务农为生，投身从戎时，他更是连战马都买不起，只能骑牛上阵。

如果只是推恩，列侯还不至于这么难堪，真正造成列侯普遍贫困的原因是推恩之外的财权褫夺。

元狩三年（前 120 年），刘彻接受大商人孔仅和东郭咸阳的建议，正式实行盐铁专卖制度。盐铁专营始于春秋时期的齐国，也称"官山海"，即由政府实行盐铁专卖，垄断盐铁的经营权。这是一种寓税于价的财税政策，让人民变相缴税的同时，又感觉不到征税。

汉初奉行黄老之道，盐铁的经营权下放到民间，诸侯王和富商都能从中分羹利润，不少诸侯王更是因此暴富。汉武帝时期，为扩大中央政府的财政收入，刘彻重启盐铁专卖制度。朝廷在盐、铁产地设置盐官、铁官，垄断盐铁生产、销售等一切环节。这等于直接取消了诸侯王的"私奉养"，王国财源被砍掉了大头。

元鼎四年（前113年），汉武帝又下令禁止诸侯国私铸铜钱，将铸币权彻底收归国有，诸侯王开采铜矿的权利也一并废止。

这两项制度几乎将诸侯王的外快断了个干净，再加上政治上早有阉割，从此，"诸侯惟得衣食税租，不与政事"。

侯国多是从王国中拆分而来，一荣俱荣，一损俱损。王国这个源头被限流，身处下游的侯国自然无法幸免，而且与王国相比，他们的处境只会更糟。

所以，当汉武帝旁敲侧击，期待诸侯慷慨解囊时，这些人自顾尚且不暇，哪里还有为君解忧的崇高理想。诸侯也可以爱国，也想爱国，但朝廷总不能又要马儿跑，又要马儿不吃草。

汉武帝不可能不了解个中隐情，因为这种现状正是他一手促成的。都说无情最是帝王家，其实皇帝做事从来不用考虑感情，只需权衡利弊。因此，哪怕他已深知王侯都在苟延残喘，仍然没有就此作罢的意思。一方面，诸侯不响应号召给了他口实，"既然你们不仁就别怪我无义"；另一方面，他亟须王侯身上最后的一点剩余价值纾解国难。于是，刘彻开始"寻衅滋事"，由此而来的便是推恩之后的凶残獠牙——酎金夺爵。

西汉时期，同姓王侯在皇帝祭祀宗庙时需要贡献酎金，用来助祭。酎金的数量以封国人口计算，每千人缴纳酎金四两。

这笔钱对王侯不算大的开销，一些小侯国只需半斤八两就能打发过去，大的王国税赋也多，上缴酎金也不成问题。

皇帝并不看重这笔收入，他赏给卜式的六十斤黄金就是几十个小国诸侯的酎金总和了，靠这点钱发不了大财，也养不起军队。所以，皇帝很少过问酎金的事，只要王侯们能按时缴纳，走走过场就行。

元鼎五年的情况就完全不一样了，由于诸侯在听诏奉令方面的表现令刘彻大失所望，再加上征讨南越的确需要用钱，刘彻便以酎金为切入口，发起了一场针对王侯的无差别攻击。

少府是检验酎金质量的官方机构，以往他们都是睁一只眼闭一只眼，只要大差不差，不会为难诸侯。在元鼎五年的检验中，少府却突然发难，对酎金吹毛求疵。上报皇帝时还特地强调，王侯酎金缺斤短两不说，成色也不足。

汉武帝于是下令彻查，总管国事的丞相赵周遭捕下狱，106位列侯被剥夺爵位，其中王子侯多达64人，也有王国因酎金不合格而被削地。

对酎金一案最有名的记载当属《三国志·蜀书·先主传》，其开篇介绍刘备身世时就有这么一段话："先主姓刘，讳备，字玄德，涿郡涿县人，汉景帝子中山靖王胜之后也。胜子贞，元狩六年封涿县陆城亭侯。坐酎金失侯，因家焉。"

刘胜的儿子刘贞，元狩六年（前117年）封侯，元鼎五年失侯，只过了五年快活日子。与功侯、远支宗室的列侯不一样，刘贞与刘彻是亲叔侄关系，连他都在打击之列，可见"酎金案"牵涉之广。

如果汉武帝果真是因为列侯"献黄金酎祭宗庙不如法"，众人还可能服气，但在那个时间节点对诸侯动粗，实在脱不开打击报复的嫌疑。况且酎金的分量、成色还不是朝廷说了算，金无足赤，哪有百分之百的纯金。

借"酎金案"，汉武帝一口气收回106个食邑，哪怕以平均每个食邑500户计算，仅这一次朝廷就增加了5万多户税源。而这极有可能就是刘彻的真正目的：既然列侯光吃不吐，索性杀鸡取卵，以后也不用觍着脸向他们要钱了！

至此，皇权凶相毕露。如果说推恩令还有什么作用的话，那就是帮助朝廷碎割出更多的侯国，好让刘彻下手时有更多的选择。绝对的权力可以让汉武帝毫无顾忌，玉石不分，以最先响应皇帝号召执行推恩令的城阳国为例，该国共推恩分封子弟33人为侯，其中18人因"酎金案"失爵，占比超过一半以上。

毫无疑问，此时的王国、侯国都已是砧板上的鱼肉，只要皇帝愿意，随时可以让他们消失。当然，为了面子上好看，刘彻也不会赶尽杀绝，留一部分充作门面也是必要的。

"酎金案"是刘彻推恩后针对王侯的一次整体收割，但也不是唯一一次。在此前后，29个王子侯因各种各样的罪名被削爵除国，再加上20个因无后和其他原因消失的侯国，178个王子侯仅剩65个。对此，明人张燧直言不讳地说，"武帝封建多不克终"，汉武帝为削爵罗织的各种罪名在他看来也是虚妄，就连推恩令也被张燧说成是权宜之计："王子之失侯，则是姑假推恩之名以析之，而苛力黜爵之罚以夺之。"

表五　汉武帝时期各诸侯国封王子侯概况

王国	王子侯数	除国数	余数
城阳	33（两任国王累计）	26	7
河间	12	8	4
长沙	15	9	6
楚	2	2	0
江都	5	5	0
菑川	17（两任国王累计）	4	13
鲁	6	3	3
梁	1	0	0
中山	20	15	5
赵	24	13	11
济北	11（两任国王累计）	8	3
广川	8（两任国王累计）	7	1
衡山	1	1	0
胶东	3	1	2
代	9	8	1
齐	11	2	9

"酎金案"暴露了推恩令的本质，大量宗室丧失爵位、沦为平民也让幸免的诸侯王明白，所谓推恩，所谓的各方利益诉求，顷刻间就可能化为乌有。所以，尽管朝廷仍在号召诸侯王推恩，但大家的积极性明显下降，"酎金案"后直至汉武帝驾崩的 25 年间，主动执行推恩分封的诸侯国只有赵、胶东两国，所封王子侯也不过 7 人，其余都是朝廷在诸侯国王位更迭时隐形介入而行的推恩。

　　不过，此时的汉武帝已经不在乎这些了。早在元狩四年（前 119 年），一代名将霍去病封狼居胥，彻底歼灭匈奴主力时，汉朝的外部威胁基本解除，酎金案后的诸侯国变成了可有可无的存在，朝廷也不惮于使用任何激进的酷辣手段。这时的推恩令更像是一张面具，只负责向外界展示汉武帝那虚假的怀柔。

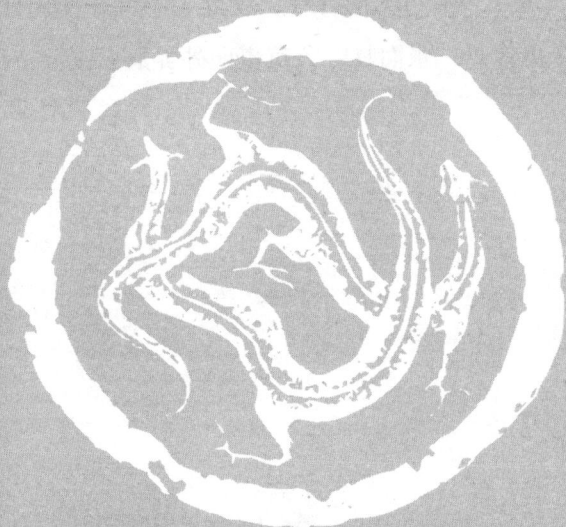

第八章 考证『千古第一阳谋』

在网络的夸张语境中，推恩令被尊为"千古第一阳谋"，神乎其神，无法破解，好像推恩令拥有什么特殊的魔力，可以让诸侯王乖乖接受温水煮青蛙的结局。

　　人们对智慧的另一种看法已将推恩令拔高到无以复加的程度，与此相应，还出现了"四大顶级阳谋"的说法，在人们眼中，这些阳谋光明正大又成效斐然，是古人顶级智慧的集合。

　　事实果真如此吗？推恩令的真实价值如何？它真的无法破解？与之成行的其他阳谋也都名副其实吗？

推恩令到底有什么价值

打开搜索引擎，输入关键词"推恩令"，就会看到无数的溢美之词：

"千古第一阳谋推恩令，为何至今无解？"

"推恩令：大汉王者的智慧权谋。"

"世界范围内，汉武帝的推恩令也是最强阳谋。"

……

这些话充斥着对智慧的膜拜，并且极富网络时代的特征：短小精悍，感染力十足，方便点燃群体情绪，攫取眼球。

自媒体兴起降低了表达的门槛，网络上的讨论自然更加热烈，这本是好事。但门槛降低导致的良莠不齐也是不可否认的事实。部分文章将推恩令奉为"千古第一阳谋"的同时，罗列的证据却又漏洞百出。有的文章为自证观点，甚至罔顾史实，肆意杜撰，这非但无助于讨论，还会造成无法自圆其说的尴尬。

举个简单的例子。网上很多文章在介绍推恩令时都采纳了这样一种说法：

汉武帝执行推恩令，诸侯王是无法拒绝的。因为这是皇帝的命令，一旦拒绝就是违抗君命，皇帝可以名正言顺地发兵讨伐诸侯王。

这里就明显存在一个史实错误。从推恩令颁布第一天起，它就不是强制的，对此，皇帝的诏令和推恩实践都有证明。尽管刘彻为保障推恩用了小动作，但从未剥夺诸侯王自愿推恩的权利，更没有拒绝推恩就发兵攻讨的恶例，并且推恩的本意是缓和中央和地方的矛盾。照这种说法，推恩令不成了激化矛盾的手段吗？

观点最易分化，赞誉推恩令的文章足够多，看轻推恩令的内容也不少。譬如，有人认为，西汉的宗藩难题在七国之乱后就已根治，推恩令不过是"过度治疗"的一种表现。赞美没有上限，贬低也没有下限。因王莽篡汉时宗室力量孱弱，不足以拱卫中央，一些人想当然地认为，这是推恩令导致的恶果，以此证明推恩令非但不高明，反而是导致西汉灭亡的政策之一。这跟"明朝实亡于朱元璋"的说法如出一辙，可谓荒谬至极。

泥沙俱下的热烈讨论让推恩令的本来面貌逐渐模糊。那么，它到底是千古第一阳谋，还是可有可无的锦上添花？

回答这个问题的方式有且只有一种，那就是回归史实，复盘推恩令的真实价值。

东汉史学大家班固在《汉书》中称，推恩令颁布后，"王子毕侯"，由此"不行黜陟，而藩国自析"。在班固看来，推恩令取得了"王子尽皆封侯"这个成果，使得藩国分崩离析。后世大多沿袭班固的观点，清人齐召南认为，至主父偃之策行，则王子无不封侯，而诸侯益弱矣。历史学家张维华在《汉史论集》中也持有同样的观点："偃策得行之后，诸侯王子弟亲属，无不得袭土封侯。"

这里需要指出一点，班固在写作时也有宏大叙事的习惯，"王子毕侯"这个说法其实是不成立的。以中山靖王刘胜为例，按《汉书·诸侯王表》，刘胜共生子120余人，其中封侯者只有20人，并不是王子尽封。这是因为，推恩令并未要求诸侯王分封所有子弟，他们可以根据王国实际情况甚至是个人喜好来决定分封，比如常山王刘舜厌恶侧室所生的刘悦，没有给他封侯。而朝廷也只要达到肢解诸侯国的目标即可，并不追求多多益善。比如汉武帝不喜赵王的爱子刘淖子，认为他"不宜君国子民"，因而未给他封侯。

毫无疑问，史学界对推恩令的价值总体持肯定态度，认为它至少在分化、瓦解王国上起到了应有的作用。而主父偃在劝谏汉武帝推恩时也已明确表达，实施政策的目标是"实分其国，不削而稍弱矣"。从实践上看，主父偃得偿所愿。

以此为基调，我们将通过三个问题来确定推恩令的价值，以匡正它的历史地位。

第一个问题，推恩令解决的是心腹大患还是芥藓之疾？

不能否认，自七国之乱后，西汉的诸侯国实力大衰。汉武帝登基前，汉朝境内还有 25 个王国，但几乎每个王国只有一郡之地，哪怕其中一两个再度作乱，也不会动摇中央政权的根基。从这点来说，汉武帝施行推恩令时，王国不具备七国之乱前的威胁，再加上汉景帝末年新增的制度约束，诸侯王难以形成合力，已不能从武力上威胁中央。照此看来，王国似乎不该是汉武帝的心腹之患。

一些看轻推恩令的文章也多以此为论据，证明推恩不过是"过度治疗"，解决的也只是西汉朝廷身上的"赘生物"。

但这一结论显然忽略了另一个重要事实，那就是王国的威胁程度并非只取决于实力。就拿汉高祖时期的诸侯国来说，刘邦分封儿子刘肥为齐王，统七十三城，齐国实力可谓相当强大。但这时的齐国非但不是朝廷的大患，反而还在平定叛乱、屏障中央上厥功至伟，成为刘邦依赖的屏障。

所以，推恩令前的王国难题不能仅用线性视角看待，还应当考虑当时的国情。

汉武帝即位之初，匈奴边患、豪强游侠、王国难题是集中爆发的。如果没有马邑之战导致的全面战争，汉武帝或许可以延迟削藩。无奈巨变意外来临，而战争意味着朝廷需要群策群力，王国的存在无疑会掣肘中央政府的方方面面。军事层面朝廷要提防内外勾结，经济层面的影响更大，25 个王国分出去至少 25 个郡的几乎全部赋税，1/3 左右的赋税旁落，这是朝廷难以承受的割裂。

汉武帝选择推恩的时机、推恩后期的大规模削爵夺地、收回经济特权也都证明，与七国之乱前相比，这一时期中央与地方的矛盾已从"权力之争"演变为"财政之争"。

因此，不能因王国没有作乱潜能就认定它们是疥癣之疾，不需持续治疗。可以想见，如果没有推恩令及后期的配套措施，王国对中央财政的持续分润势必影响汉武帝用兵，其结果极有可能是灾难性的。

同时，经济特权的存在也使得王国拥有再次坐大的潜力，如果汉武帝不削藩，时间游移，难保强藩悍王不会卷土重来，这一点也应纳入王国威胁程度的考量之中。

据此我们可以得出第一个结论，汉武帝推恩时面临的王国问题绝非疥癣之疾，用心腹大患来形容可能有些过了，但至少也是"当务之急"。以此观之，推恩令的价值不言而喻。

接下来探讨第二个问题：推恩令是否不可替代？

历经数代控藩削藩，汉朝在汉景帝末年已形成强干弱枝的局面。基于此，不少观点认为，推恩令不过是因势利导，因中央为刀俎，王国为鱼肉，汉武帝大张挞伐也好，权谋削藩也罢，其结果都是可控的，推恩令也不过是众多可行性方案的一种。

对此，本书第二部分已有答案，这里就不再赘述。

其实，推恩令最大的亮点在于"仁政"思想，这是它区别于历朝历代削藩策略的根本，也是它至今为人乐道的主因。仅从这点来说，推恩令的价值当是独一无二且不可替代的。也正因如此，它在正式颁行之前就促成了部分诸侯王主动推恩，并收获了两年内封侯 106 人的奇效。

当然，为保证效果最大化，汉武帝前期采用过高压手段，中后期又附加了许多苛刻的配套制度，并利用酎金案蛮力打击王侯。但这些手段和制度是重起炉灶后的另一套做法，与推恩令互不隶属，正如前面章节所讲，我们不能以此来消解推恩令的仁政表皮。

对推恩令的仁政价值，司马迁在《史记》中的评价至为公允，他说："盛哉，天子之德！一人有庆，天下赖之。"司马迁称推恩令为天子的德政，汉武帝一人有德，全天下的臣民都能跟着享福。

考虑到司马迁因天子一怒而受宫刑，对汉武帝向来也是求全责备，能给出这么高的评价，客观性毋庸置疑。而司马迁与推恩令同处一个时代，见证了它的发端、施行和后劲，了解它未经扭曲的原貌，因此，"天下赖之"的评价应该算是对景挂画。

最后，我们来探讨第三个问题，也是攸关推恩令的核心价值的关键问题——推恩令的真实效果如何？

谈价值必谈结果，推恩令的效果能直接反映其价值。自媒体拔高推恩令的着力点也在于此，这类文章普遍采用的一个观点是：推恩之后，汉武帝不费一兵一卒，彻底解决了西汉以来"老大难"的王国问题，从事实上终结了延续近百年的"郡国并行制"，使得"大一统帝国"终于名副其实。

单从时间逻辑上讲，这个观点好像站得住脚。汉武帝晚年尚存诸侯国20个，面积稍大的燕国、齐国只有数县之地，新封的泗水、真定等国规模更是小到可怜，只有区区3万户，相当于一县之地。再加上经济特权的丧失，王国作乱的潜力消失殆尽，这标志着汉兴近百年来的诸侯割据局面不复存在，郡县制成为西汉的事实国体。

但是，这一观点在因果关系上其实是说不通的，是逻辑学上典型的归因谬误——当行为和结果可能存在相关性，就理所当然地认为结果是由行为造成的。就好比骆驼死于重压之下，归因谬误就会把骆驼的死因归于最后一根稻草。

要知道，汉武帝之前，汉朝从未停止过削藩控藩。汉高祖诛灭异姓王，吕后打压刘氏子弟，汉文帝众建诸侯以亲制疏，汉景帝平定七国之乱并从制度上削弱王权。前人的这些努力虽然没能一劳永逸地解决难题，但无疑大大降低了汉武帝的削藩难度，也给后者创造了一击定乾坤的条件。

也就是说，刘彻削藩只是压死骆驼的最后一根稻草，他没有从 0 走到 1，而是接过先皇衣钵，跑完了最后那 100 米。哪怕这最后的 100 米，刘彻靠的也不全是推恩。各种控藩弱藩制度及酎金夺爵都发挥了巨大的作用，最后的功劳当然不能全部归于推恩令。

那么，推恩令的真实效果该如何描述呢？

我们不妨以数据说话，还原推恩令的本来功效：汉武帝颁行推恩令后，16 个稍大王国碎割为 16 个稍小王国和 178 个侯国。王国因此实力大减，由于侯国直属汉郡，此消彼长，西汉中央政府与地方王国的实力进一步拉大，已形成压倒性优势。在此基础上，汉武帝又出台了一系列控藩削藩政策，为西汉政府连绵百年的削藩画上了一个完美的句号。

至此，我们可以回答本文开头的那个问题了：推恩令绝非可有可无的锦上添花，而是一道贴合时代、为解当务之急而施行的削藩政策，汉武帝初期的国情彰显了推恩令的价值，仁政的表皮又使得它别具一格、难以替代。需要澄清的是，西汉时期王国的式微并非推恩令一剑封喉所致，而是汉初历代掌权者通力合作的结果，汉武帝推恩及配套的削藩制度当然也卓有成效，可以视作压死王国的最后一根稻草。

至于"千古第一阳谋"这个张皇铺饰的头衔，也不用去纠结推恩令是否名副其实，夸张渲染本就是信息时代的主要特征，笔者有时也难以脱俗。更何况"文无第一，武无第二"，就随它智者见智吧！

推恩令真的无解吗

推恩令的制度设计像极了中国传统建筑中的榫卯结构。

榫卯结构不用一颗钉、一块铁，仅以木材凹凸结合的方式，便能构造出一个牢固并且富有弹性的框架。

推恩令中，分封削藩无疑是榫，也就是凸出一面——不管怎么掩饰，推恩"实分其国"的用意都无法隐藏；卯的一面自然是"天恩浩荡"，本下情所起，让王国支庶子弟雨露均沾。榫卯不用钉铁，推恩也不用刀枪，同样牢固可靠，同样富有弹性，推恩令的框架也神施鬼设。

在"千古第一阳谋"的语境中，推恩令的框架被赋予了非同一般的魔力，因其形同榫卯，环环相扣，所以又有人称它是"无解的阳谋"。

在网络上，但凡看到"千古第一""无解"这样绝对的词，我们最好还是先在心里打个问号，先设疑再解惑："推恩令真的是无解阳谋吗？"

论证之前，我们必须先厘清"阳谋"这个概念。

阳谋一词由毛泽东首创，据作家萧军《延安日记》，1942 年，毛泽东在与萧军的对话中谈到，"共产党并没有阴谋，只有阳谋"。这是"阳谋"见载的第一手资料。此后，"阳谋"一词屡屡出现在毛主席的谈话中，并为越来越多的人接受并化用。

由于"阳谋"属于新生汉语，其定义自然没有成规，说法不同，含义也有区别。

例如，网络百科将其解释为："就是根据现有条件，在不影响别人，也不依赖别人的前提下，因势利导、光明正大地通过改变自己的资源配置，提高效率，达到总体更好的结果或实现更高的希望的一种手段。"

这定义佶屈聱牙而且存在明显的漏洞，"不影响别人，也不依赖别人"那还能称为"谋"吗？谋人、谋事、谋身，哪一样能在这种苛刻的条件下达成？

相比于此，笔者更倾向于另一种解释，它借用鲁迅的名言，将阳谋做了如下定义：

"阳谋"是在武器库的外面竖一面大旗，大书道："内皆武器，来者小心！"武库的门也开着，里面果然有几支枪、几把刀，一目了然。"阴谋"是紧闭武库的门，门上粘一个小纸条："内无武器，请勿疑虑。"如果说"阴谋"是把真相藏起来，把你蒙在鼓里，从而使你上当受骗、十步溅血，"阳谋"则没有隐藏，没有保密，一切都是透明的，让你知晓，却让你不由自主地一头钻进死胡同，无法转身，被夺首级。

照此定义，推恩令当然属于阳谋范畴，我们可以从诏令中验证：

梁王、城阳王亲慈同生，愿以邑分弟，其许之。诸侯王请与子弟邑者，朕将亲览，使有列位焉。

诸侯王或欲推私恩分子弟邑者，令各条上，朕且临定其号名。

诏令中，汉武帝告知诸侯王，"你们可以分封王国土地给子弟，朕将为他们封定名号"。这等于明明白白地告诉诸侯王：推恩一旦施行，王国将会被分割。推恩令的确做到了"没有隐藏、没有保密，一切都是透明的"。

既已确定推恩令属于阳谋，我们再来探讨问题的核心——它真的无解吗？

至少表面上看起来不是这样。推恩令以儒家仁政为大旗，写明了"或欲"二字。既然是可与不可之间，王国不推行就是了，何来破解一说。

现实当然没有诸侯王想的那么"丰满"，第七章中我们就已经讲过，为保障推恩施行，汉武帝前期有政治高压，后期有制度兜底，其目的就是将诸侯王驱赶到推恩跑道上来。更妙的是，推恩利用人性激起的王国内部矛盾也会在特殊时期发生化学反应，为调和这一矛盾保住自身利益，嗣王也会选择依令行事。事实上，推恩令后没有王国能独善其身，基本做到了应推尽推。

那么在必须推恩的前提下，王子要封侯，王国要保存实力，两相矛盾，诸侯王该怎么做才能破局？

最简单的办法当然是"少生优生，幸福一生"。推恩令不是要王国分封子弟为侯吗？这种情况下，生得越多，分得越碎，"只生一个好"的优势就体现出来了。

从理论上说，每代只生一个儿子，代代单传，王国那是针插不进，水泼不进，仍是铁板一块。

但这种方法只有理论上的可能性，现实中根本不会发生。

诸侯王是天潢贵胄，生下来就要坐享富贵，好色贪淫几乎是每个成年诸侯王的共性。仍以刘备的先祖中山靖王为例，史书只记载他有120多个儿子，鉴于男孩夭折率一直高于女孩，照此估算，刘胜的子女数量至少也在240人以上。没有三宫六院，刘胜怎么可能如此开枝散叶。就连司马迁也在史记中揶揄刘胜"为人乐酒好内"。

退一万步讲，哪怕诸侯王为王国千年大计着想，只娶一个老婆，生下一个男孩后主动戒色（考虑当时匮乏的避孕手段，这似乎是避免冒险的唯一出路）。在夭折率奇高的古代，皇帝的儿子都常有意外，更别说低人一等的诸侯王了。万一嫡子短命，一切又成泡影。

显然，这种方式不可能阻断推恩。

简单的办法不行，那就粗暴一点。既然推恩令的框架密不透风，那干脆直接推倒这个框架，来个鱼死网破。

这个不用论证，死路一条。

事实上，终汉武帝一朝，都没有诸侯王选择这两条路。不管乐意不乐意，他们最终都接受了推恩，只有个别王国没有"王子毕侯"。

从史实上看，推恩令似乎确实是"无法破解的阳谋"，但笔者仍然不敢轻下结论，原因有二：

首先，相当一部分诸侯王并不排斥推恩令，哪怕他们已经从皇帝的诏令中看出"阳予阴夺"的实质，但分封子弟为侯有时也是他们的个人诉求。有的诸侯王是因为爱子之心，有的嗣王则是用以调和封国内部矛盾。从这个角度来说，破解推恩从来不是他们的一个选项。这就好比有人要送你一样好处，你不会想如何拒绝，如何破局，"恭敬不如从命"就是了。因此，推恩看似一网打尽，鱼虾尽收，其实大部分收获都是主动入瓮，与推恩令的严密程度不成因果。

其次，诸侯王并非对推恩束手无策，他们本可以在封侯数量上打点折扣。他们没有这么做显然不是因为推恩令，而是出于推恩之外的权谋。

汉武帝为倡导推恩曾公开表示将封皇子为侯。朝臣看出汉武帝这是以退为进，纷纷劝谏，"今诸侯支子封至诸侯王，而家皇子为列侯，……皆以为尊卑失序，使天下失望，不可"。汉武帝"虚怀纳谏"，打消了这个的念头，改立皇子们为王。这次政治作秀再辅以推恩中后期的高压手段和制度兜底，影响巨大，诸侯王的政治嗅觉再迟钝也应当能察觉到皇帝的深意："连朕都要给儿子封侯了，你们还在扭捏什么！"皇帝的决心无疑会影响诸侯王的决策，因此，哪怕部分诸侯王起初想用打折执行推恩的方式保存实力，在这之后大概率也会顺水推舟，应封尽封。而这一功劳当然也不能全部归于推恩令。

虽然能够吹毛求疵，找到一点点侧面反证，但笔者仍然认为推恩令是"难以"破解的阳谋，鉴于大量推恩史料缺载，把话说死不是明智之举，用词上稍加改动，或许更能贴近历史的真相。

绝佳的密封性使得诸侯王无缝可钻，推恩令因此也能长久保鲜。汉武帝死后，汉昭帝、汉宣帝、汉元帝、汉成帝无不沿袭推恩，真正做到了长江后浪推前浪。在此进程中，哪怕是皇子的封国都只有一代光鲜。直到汉成帝鸿嘉年间，西汉政府仍在依照惯例推恩，此时距离王莽篡汉仅剩 20 余年了。

一个漏洞百出的制度显然无法拥有这样的活力，"难以破解的阳谋"，推恩令当之无愧！

四大阳谋都是真的吗

　　包括推恩令在内的几大阳谋已经成了一道家常菜，在互联网历史板块，阳谋合集连篇累牍，食客似乎也不厌其烦，从"历史上的三大顶级阳谋"开始，"菜品"不断推陈出新，已有四大、五大直至十大的各种做法。

　　四大阳谋是主流说法，分别是推恩令、二桃杀三士、围魏救赵和挟天子以令诸侯。其中，最早的"二桃杀三士"发生于春秋时期，最晚的则是东汉末年的"挟天子以令诸侯"。这个时间线耐人寻味，难道曹操之后的浩瀚史书里就再无有名的阳谋了？

　　疑惑暂且放下不表，先来说说这些阳谋的含金量。

　　第一个阳谋，二桃杀三士，该故事出自《晏子春秋》。

　　齐景公在位时，麾下有公孙接、田开疆和古冶子三员猛将，他们勇力过人，都因"搏虎"闻名于世。

　　一次，三人席地而坐，时任国相的晏子从他们身边经过。晏子是国相，一人之下，万人之上，三人见了他应该要行礼。可能是有急事，也可能是为了简化礼节，晏子"过而趋"，就是迈着小碎步迅速过身，这时，三人只需行个小礼就能应付过去，但他们偏偏目中无人，没有理睬晏子。

面见齐景公时，晏子以小见大，痛斥三人对上没有君臣大义，对下不讲长幼伦常，并预言他们将来都是祸国殃民之流，不如尽早除掉。

齐景公明显也有同感，只是投鼠忌器，苦无良策。

于是，晏子就献上了"二桃杀三士"之计。他算准了三人功高傲主，互不谦让，便请齐景公拿出两个桃子分给三人，让他们按功劳大小分配。

公孙接、田开疆都报上了各自的功劳，理所当然地拿走了两个桃子。古冶子见状当然不服，他自述功劳以此托大，还抽出宝剑要求二人还桃。

公孙接和田开疆听完惭愧难当，反省完自身的贪念后，双双自刎。古冶子大惊失色，他觉得是自己害死了二人，于是当场刎颈自杀。晏子只用两个桃子就为齐国除掉了三个未来的祸害。

这个故事极具寓言风格，听起来会有些不可思议。我们也不需要讨论故事的真伪，只说"二桃杀三士"的阳谋属性。看起来，它与推恩令的确有相似之处，推恩将中央与地方的矛盾转移到王国内部，晏子手法如出一辙，也是转移矛盾然后作壁上观。但对照阳谋的定义我们就能发现，"二桃杀三士"其实是赤裸裸的阴谋。

原因再简单不过，阳谋"没有隐藏，没有保密，一切都是透明的，让你知晓"，推恩令明明白白地告诉诸侯王，朝廷就是以推恩之名，行分化、瓦解之实。而晏子的计谋则完全隐瞒了意图，三位勇士如果知道齐景公分桃的目的就是为了诛杀他们，以晏子对三人的判断，他们最可能的反应会是暴起，与国君撕破脸皮。也就是说，只要挑明真实意图，这两个桃子将毫无荣誉感可言，三人也不会上当。所以，"二桃杀三士"不在阳谋之列，只是一道利用人性的离间计。

第二个阳谋，围魏救赵，典出《史记》，故事早已家喻户晓，为使论证有据可依，免不了还是要做个简单的介绍。

战国时期，魏国因领土纠纷攻打赵国，魏军由庞涓率领，大军围困邯郸。赵国危在旦夕，只好向齐国求救。

得到赵国割地许诺后，齐王命田忌统兵，拜孙膑为军师，准备发兵救援。齐军行至魏、赵两国接壤处，田忌打算直赴邯郸，哪里着火就去哪里救火。孙膑这时提出建议，魏国精兵倾国而出，不如直接攻打魏国，如此一来，庞涓必定要率兵回援，邯郸之围就能不战而解。

田忌依计行事，兵锋转道直指魏国腹地。果然，庞涓在得知齐兵动向后立刻撤围返师，半道又中了埋伏，大败而归，赵国脱离险境。

围魏救赵的核心是"避实就虚""击其要害"，历朝历代屡见不鲜，比如明武宗正德年间，宁王朱宸濠叛乱，围攻安庆。时任江西提督的王阳明避实就虚，直接发兵攻打宁王的老巢南昌，迫使叛军回援，从而迅速平乱。

与"二桃杀三士"不一样，围魏救赵通过行动明确告知了施计者的意图。庞涓从战报上得来的信息是魏国有难，不需深入思考就知道，齐国意在迫使魏军回援，以拯救赵国。后院起火的庞涓没有选择的余地，只能被牵着鼻子走，这也符合阳谋"让你不由自主地一头钻进死胡同，无法转身，被夺首级"的特征。

因此，围魏救赵作为兵法中的奇招，算得上阳谋。值得一提的是，兵法讲"虚则实之，实则虚之"，由于虚实不定，战争中的主将往往很难界定这一阳谋的适用时机，围魏救赵的核心是"攻敌必救"，一定得直击要害才行，否则就可能徒劳无功。

1861 年的安庆保卫战中，太平军为解安庆之围，也来了一招围魏救赵。忠王李秀成、英王陈玉成两支主力，沿长江两岸大张旗鼓地进军武昌，太平军希望借此迫使湘军回援，给围得像铁桶般的安庆创造生机。曾国藩也知道太平军的意图，但他多次拒绝湖北巡抚的救援请求，一心一意地关注安庆战场。太平军这边损失惨重，武昌没拿下，安庆也兵败城破。

太平军的围魏救赵为何失效？究其原因，不过是因为武昌并非湘军要害，不是"必救之地"。曾国藩官任两江总督，节制浙、皖、苏、赣等四省军务，湖北不在其管辖范围，而且，武昌就算丢了也不足以扭转战场态势。相反，安庆是南京的西大门，战略意义远超武昌，孰轻孰重，曾国藩心知肚明。

以此观之，作为一个历史事件，围魏救赵可以称作阳谋，但是如果把围魏救赵当成一种兵法谋略，那它并不附带成功的结果，因此又不能纳入顶级阳谋的范畴。

四大阳谋中的最后一个，曹操挟天子以令诸侯。这一谋略并非源自曹操，却因他而闻名，其内核非常简单，就是利用傀儡皇帝号令天下。

曹操的做法确乎阳谋：诸侯都知道天子已被架空，曹操成了事实上的掌舵人，他们也知道圣旨不过是曹操的个人意志。但是在礼法约束下，诸侯有服从皇帝的义务，这让"挟天子以令诸侯"粗略可行。

只是从结果上看，这是一道收效甚微的计策，纳入"四大阳谋"之中更是牵强附会。东汉末年的局面是军阀混战，曹操代持的东汉政府并没有掌控全局的能力，对待天子号令，各路诸侯有便宜行事的实力，无伤大雅的可以奉诏，伤筋动骨的可以置若罔闻。就算曹操能以"不遵皇命"为借口，兴师讨伐割据势力，那"挟天子以令诸侯"也只能换来个"名正言顺"，在那样的混乱局势中，再正当的借口都不如刀兵好用，后期的三足鼎立也证明，挟天子以令诸侯只是虚妄的幻想。

如果把故事主角替换一下，"挟天子以令诸侯"反而能够贴近"四大"的分量。例如，汉初吕后专权，出于礼法约束、实力差距等原因，刘姓诸侯只能唯命是从，吕后也借此以最小的成本实现了众多政治目标，要说"挟天子以令诸侯"，吕后才是深谙此道。

从以上论证中我们可以认定，阳谋只是一种策略，与阴谋一样，有成也有败，但如果要给阳谋贴上"高超""顶级""神机妙算""惊为天人"等标签，那就必须用结果说话。正因如此，"四大阳谋"中只有推恩令、围魏救赵切中题意，其余两个都有跑题嫌疑。

由此看来，"四大阳谋"不过又是自媒体时代对历史的另一种消费，与很多贩售历史的观点一样，它精于受众心理分析，擅于标题的大鸣大放，足够吸引眼球，却常常失于考据，部分内容牵强附会、似是而非，轻浮的历史如流水线般批量生产，令人遗憾。

其实，非要凑足四大阳谋也不是难事，网络上流传的其他版本中，宋太祖赵匡胤"杯酒释兵权"算是一个。

通过总结历史上这些成功的阳谋，我们能发现另外一条规律：拥有掌控全局的能力是阳谋见效的先决条件，这种掌控可以是实力上的绝对碾压，也可以是算无遗策的成竹在胸。化用现代棋牌游戏的术语，阳谋是要打明牌，让对手看到你所有的底牌，有时只需绝佳的牌面支撑，有时也可借头脑洞察先机，万事俱备后，阳谋才能以最小的代价搏一个最大的赢面。

第三部分

惊鸿一现：推恩令为何不可复制

第九章　东汉的藩镇死局

西汉灭亡后，推恩令与其一道走进历史，从此再没有崭露头角的记载。但推恩令似乎又没有消亡，在东汉时期它仍然闪烁着余光，只是这时已经改头换面，以另一种方式影响着历史。

　　而东汉末年的藩镇死局似乎也在印证一个事实：推恩令绝非万金油式的良药，它只在恰当的时机才能发挥最大的作用。

推恩令的余光在哪里

居摄元年（6年），西汉南阳郡下辖的宛城发生了一场看似怪诞的暴动。

带头作乱的人叫刘崇，本是皇室宗亲，受封安众侯。由他策划，数百暴民冲击宛城，试图占据城池。区区几百人不成气候，西汉政府甚至不需出动大军，郡守挥挥手，暴动迅速平息，祸首刘崇身死。

以几百人的力量对抗朝廷，这是怪点之一；刘崇身为汉室宗亲，放着好好的侯位不坐，起兵反汉，自寻死路，这是怪点之二。怪上加怪，莫不是刘崇犯了失心疯？

其实刘崇并未疯癫，疯的是西汉中枢。

汉平帝死后，外戚王莽为把持朝政，干了一系列的荒唐事。

他先是立两岁的刘婴为继承人，自己出任摄政，为名正言顺地攫取皇位，王莽竟然连皇帝的名分都不给刘婴，只把他立为"皇太子"。堂堂大汉帝国，真皇帝姓王，假太子姓刘，皇帝跟太子还不是一家人，这何等荒唐！

架空皇室还不够，王莽在年号上也动手脚。因自己居中摄政，王莽竟直接改元"居摄",称帝野心昭然若揭。既然有了皇帝之实,称呼上也得变动,在王莽示意下,臣民开始以"假皇帝"(无贬义)"摄皇帝"称呼他。

纵观历朝历代,王莽篡位手段不算毒辣,但在各种荒唐名目上,他无疑是花样最多的。正是在王莽篡汉已成既定事实的情形下,安众侯刘崇才发动了那场以卵击石的暴动。他应该知道自己绝无胜算,只是作为汉室宗亲,他必定无法忍受祖宗江山拱手于人。

刘崇只是宗室中第一个吃螃蟹的人,两年后,严乡侯刘信在东郡太守拥立下称帝,号召十多万人进攻长安,虽然兵败,但也挫了王莽的锐气。

公元9年,王莽篡汉自立,改国号为"新",听闻消息,徐乡侯刘快率一千余人起兵反莽。刘快死后,刘氏皇族的遗老遗少继续"骚扰"王莽。地皇四年(23年),西汉长沙王刘发的直系后裔刘秀对新朝发动致命一击,昆阳大战中,刘秀率部大破王莽四十万大军,新朝走向穷途末路。两年后,刘秀称帝,再造炎汉,史称"东汉"。

西汉直接亡于外戚,也是经济危机、吏治腐败、边疆外患共同作用的结果,实与宗室羸弱无关。因此,将王莽成功篡汉归结于推恩令纯属无稽之谈。同样的道理,我们也不能因刘秀先祖推恩受封的经历便妄下定论,把刘汉王朝的卷土重来视作推恩令的伏笔。

只能说,在西汉亡国前后,推恩令仍有余光,它塑造的王侯格局一定程度上左右了时局,为历史的面谱增色添彩。推恩令能够解决大一统中央王朝的一个难题,却不能全部对症。因此,王朝灭亡是必然的,王朝重启也不过是历史大势,没有刘秀,还有刘三、刘四。

东汉之于西汉,既有血脉传承,也有制度沿袭。光武帝刘秀重树汉旗后,也不可避免地大赏功臣宗室,但前朝血淋淋的教训摆在眼前,刘秀不可能视若无睹。因此,同样是封王,东汉并未直接照搬汉高祖时期的各项制度,而是跳级到西汉末期,对宗藩规模和特权都有了严格限制。

建武二年(26年)和建武十七年(41年),刘秀两次大规模分封宗室,共

19 人称王。除原太子东海王刘强食邑两郡，其他诸侯王都只有一郡甚至几县之地。同时，数量庞大的宗藩王被褫夺了全部政治、军事权力及大部分经济特权，只能封爵食邑，不再裂土封疆，相当于享受津贴和荣誉称号的特殊群体，政治地位等同于无。

强干弱枝的形势一步到位，东汉自然没有削藩的迫切需求，推恩令也失去了原有的市场价值，但这并不意味着东汉政府没有削藩或推恩，只不过是由于大局已定，削藩和推恩都呈现出一种全然不同的政治形式。

东汉削藩是一种只附带惩罚目的的手段，针对的也是诸侯王的骄纵不法。如汉明帝时期，中山王刘焉为泄私愤，杀死姬妾，汉明帝因此削掉了中山国的一个食邑县；济南王刘康与社会闲杂人等同流合污，多行不法，汉明帝得知后连削济南五县，以示薄惩。

由于诸侯王已从制度上退出政治舞台，东汉朝廷不需要以推恩来"阳予阴夺"，推恩令自然无须贯彻。但纵观东汉一朝，推恩的影子又无处不在。

汉章帝建初九年（84 年），东平怀王刘忠去世，在其子刘敞袭王爵的基础上，朝廷又恩旨刘忠的弟弟刘尚分国而立任城王，刘忠另外的五个弟弟也都封侯。又如上文所说的济南国，刘康死后，朝廷命其子刘错接替王位，同年"封错弟七人为列侯"。可以看出，东汉朝廷仍有推恩之举，只是推恩的目的不再是强干弱枝，而是作为一种恩抚和奖赏手段存在。它传承了推恩令的"仁政"之道，却没有推恩令的法家内核，是一种真正意义上的推恩。并且，这时推恩由朝廷发起，推恩对象也不再限于王国，列侯也在其中。如汉明帝在位时，因"追念旧恩"，特地加封成武孝侯刘顺的三个儿子为乡侯（县侯和亭侯之间的爵位），对支庶降级封爵的形式与推恩令无异。

推恩令的影响之大可见一斑，从元朔二年（前 127 年）到东汉末年，它的光芒照耀了两朝 200 余年的历史。这也从侧面说明，推恩令的仁政内核拥有漫长的半衰期，是名副其实的顶级阳谋。

没有绝对实力，削藩就是空谈

东汉末年的分裂其实是大一统王朝下的全新产物，在此之前，秦朝因农民起义而速亡，西汉则由外戚集团改头换面，两朝都不是亡于地方割据势力，唯有东汉遭此一难。由门阀豪强牵头，军事强人主导，东汉末年形成了一种类似汉初"郡国并行"的割据政体。

王朝分裂的导火索是黄巾起义。

汉灵帝光和七年（184年），太平道人张角召集大批苦不堪言的农民，举起反汉大旗。由于连年对西羌用兵，再加上朝廷政局不稳，汉朝中央政府无力平息叛乱，于是汉灵帝重启废置已久的州牧制度，同时下放皇权，希望借地方的力量挽救危局。

汉灵帝之前，为遏止地方势力，朝廷力行分权。地方设郡、县两级，太守主政，同时在州一级增设刺史，地位高于太守，但大部分时候，刺史的作用仅限于监督地方，并无实权。

由于东汉在地方上并无驻军，只有"郡兵""乡勇"维持治安。黄巾大乱后，这套制度显然无法满足中央的平叛需求。

州牧，顾名思义，是替天子牧民。有了皇权特许，州牧集行政、司法、财政、军事大权于一身，成为名副其实的封疆大吏，形式上与汉初半独立的宗藩无异，所不同的是，州牧不是爵位，不能继承，必须由朝廷任命。

因州牧可以直接干预地方郡县事务，整合地方力量，便成了汉灵帝的救命稻草。他也知道分权的危害，只是病急乱投医，皇帝也实在想不出其他办法。同时他也希望地方能够一如既往地忠于朝廷，在平叛之后与朝廷共同恢复秩序。幸运的是，汉灵帝赌赢了第一把。皇权下放后，地方政府跃跃欲试，纷纷募兵协助朝廷抵御叛乱，由是，黄巾起义在中央与地方的联合绞杀下被扑灭。

不幸的是，汉灵帝赌输了第二把。公元 189 年，汉灵帝去世，还未成年的皇子刘辩继位，外戚和宦官同时搅乱朝局，以州牧为代表的地方门阀豪强趁乱坐大，军事强人粉墨登场，开始形成事实上的割据，漫长的分裂时代来临。

其实，汉灵帝的决策并非有误，在当时条件下，调动地方力量平叛是为数不多的选择之一。但要调动地方势力就得分权，分权就会架空中央，身陷两难境地，汉灵帝面临的是一个死局。

汉灵帝死后，东汉政府又面临一个新的死局。虽说地方割据势力与西汉初年的失控藩王形式一致，都是独立或半独立于中央，但此时东汉政府已经不能用西汉的政策来化解这一危机。

武力削藩当然不行。董卓进京之前，东汉政府还残存部分实力，但在外戚和宦官的双重打击下，朝廷丧失了最后一点儿威权，汉少帝刘辩自顾不暇，哪还有跟地方藩镇"掰手腕"的能力。

直到曹操出现，汉朝傀儡政府才真正拥有削藩的实力。曹操挟天子以令诸侯不假，但终其一生并没有称帝，也从未否认过汉朝中央政府的合法性。因此，仅从削藩层面，我们可以认定曹操东征西讨也是为了一统中央。

曹操武力削藩成果斐然，在他的打击下，袁绍、袁术、吕布、刘表、马腾、陶谦、张绣等地方割据势力灰飞烟灭，中国北方也因此再度统一到汉朝名下。

《述志令》中，曹操言明，"意之所图，动无违事，心之所虑，何向不济，遂荡平天下，不辱主命。可谓天助汉室"，事实也正如曹操所说："设使国家无有孤，不知当几人称帝，几人称王！"

如果没有赤壁之战的惨败，曹操大概率能协助汉室重新回归领土一统、权力一统的局面，当然，之后发生什么就只能任由假设了。

赤壁之战奠定了魏、蜀、吴的三方格局，但在曹丕篡位之前，汉朝仍然是无可争议的中央政府。刘备和孙权可以不听曹操号令，却不得不从名义上屈从于中央，以汉臣礼节侍奉皇帝。公元219年，刘备取得汉中之战的胜利，臣下劝谏他尽早进位汉中王。已是一方诸侯的刘备当然有自立为王的实力，但迫于礼法，他还是要向汉献帝上表求封。

孙权受封吴王也是同样的路数。公元221年，孙权上表称臣，曹操把持的汉室做了个顺水人情，封孙权为王。从藩镇格局上讲，汉朝境内此时只是吴、蜀这两大藩王，曹操代表中央，已不能算作地方势力。面对心腹大患，在武力削藩已经行不通的情况下，曹操是否能用权谋代替呢？答案显然是否定的。

东汉末年的藩镇难题其实更类似于汉高祖时期的异姓诸侯国，甚至比这更糟糕。刘邦在位时，异姓诸侯王多达七个，虽然也是半独立状态，但朝廷各个击破的难度显然较小。并且，由于刘邦是名副其实的开国皇帝，君临天下的魄力足以威慑诸王，再加上朝廷派驻的国相可以监视、防范这些异姓王，所以刘邦才可以利用权谋诛杀韩信、彭越。

曹操显然不具备刘邦的削藩条件。吴蜀集团名为汉朝的行政单元，本质上却将中央视作敌国，他们认同汉室，却不认可"托名汉相，实为汉贼"的曹魏，而且其内部也是铁板一块，谁也无法插手。

在此局面下，众建、削地、推恩都是无稽之谈。事实上，哪怕是汉高祖时代，这些手段都不在选项当中。这也再次证明，削藩不存在万金油式的方法，没有实力的绝对碾压，顶级的阴谋和阳谋也咬不掉藩镇一块土地。武力，也只有武力，才是破解死局的唯一阳谋。

第十章 重演历史：建文帝的皇冠保卫战

朱元璋设计的一套复古而又漏洞百出的分封制度遗祸不浅，建文帝受害最深。纵观中国封建王朝历史，因宗室造反而直接丢掉皇位的，他可能是唯一一个。

　　建文帝当然不能将责任全部推给制度，靖难之役毕竟是因削藩而起。由此，我们不妨做一个大胆的假设，如果建文帝因时制宜，仿效汉武帝的推恩分国，他是否能逆天改命，将已盖棺定论的历史推翻重写呢？

朱元璋的制度有多恐怖

《明史·后妃传》中有这么一句记录："初，太祖崩，宫人多从死者。"轻飘飘的十个字，背后却是一个令人汗毛直立的历史细节——朱元璋恢复了宫人活殉制度。

人殉制度最早可以追溯到原始社会，在奴隶社会时期蔚然成风，其中尤以殷商最盛，殷墟侯家庄商王大墓中就发现164具殉葬者的骸骨，商王武丁的妻子妇好死时也有16人随墓殉葬。西周时期，人殉之风仍然不减。直到春秋中叶，人殉制度遭到诸子百家的强烈批评才逐渐收敛。孔子说"始作俑者，其无后乎"，在他看来，那些用人形陶俑陪葬的人将没有后代，更别说用活人殉葬了。

秦朝统一中国后，人殉死灰复燃，不过因王朝短命，影响并不大。汉虽承秦制，却对人殉制度深恶痛绝，建国不久便予以废除，皇帝也常在遗诏中特旨将无子嫔妃及宫女放出宫去。自此人殉不再成为一种传统和制度，只在史书中零星可见。

谁承想，这套沉寂了1500多年的恐怖制度被朱元璋重启了，据史料记载，朱元璋下葬时，有40多名妃嫔和宫女殉葬。洪武一朝首开先河，后代皇帝莫不安常习故，活殉沿袭数代，直到1464年正月，弥留之际的明英宗朱祁镇"遗诏罢宫妃殉葬"，这才给明朝人殉制度画上句号。

后世有人称朱元璋采用宫人殉葬只是仿效元朝，但翻遍《元史》并无对应记载，这种制度化的活人殉葬无疑是向商周看齐，有开历史倒车的嫌疑。

殉葬制度不是朱元璋唯一的复古举措，在关系重大的分封问题上，朱元璋也有复旧如初的地方。

西汉一代痛苦的削藩见诸史书后，后世朝代无不引以为鉴，在宗室藩王问题上也都慎之又慎。其中唯一出格一点的可能也就是西晋。

晋武帝司马炎为"惩魏氏孤立之敝，故大封宗室"，前前后后封了几十个王。但西汉的教训摆在那里，司马炎也不敢全盘照搬汉朝旧事，所以封王的同时，他也竭尽所能地限制同姓王的实力。

封地面积上，藩王大多是"以郡为国"，晋朝将全国划分成近200个郡，面积相比汉朝小了不止一半，因此这些藩国并不像汉初那样"夸（跨）州兼郡，连城数十"。

财政上，藩王没有任何经济特权，以食户为标准，他们只能享受封国内部分赋税。比如晋初中山国有民32000户，但中山王的食户只有5200户，他只能享受5200户的赋税。依朝廷制度，这5200户赋税他还得上交约2/3到中央，实际到手的不超过2000户。

政治军事上，藩王保留了部分特权。王国可以自置低阶官员，但朝廷会监督藩王的人事任免。为屏障中央，朝廷允许王国保留少量军队，最多不超过5000人，但这些军队由中央政府调派，并不属藩王的私人武装。

实事求是地说，种种限制下，晋初藩王并不可怕，无论是总体还是个体，跟汉武帝施行推恩令前的王国对比都相形见绌。

但是，由于晋武帝同时赋予宗室参与朝政的权力，再加上其晚年在继承人选上的重大失误，最终还是酿成"八王之乱"，动乱历时7年才得以平息，自此西晋一蹶不振。10 年后，西晋草草退出历史舞台，国祚仅 50 余年。

不信邪的晋朝成了反面教材，自此之后，中国大一统王朝的分封制度开始真正地由实转虚。

唐朝建国前后曾一度倚赖宗室子弟，饶是如此，李唐也从未效仿西汉那样的实封，许多同姓王还得依靠出仕为官争取政治地位，并一度左右朝局。对此，唐玄宗李隆基采用了极为苛刻的控制手段，他甚至在长安设立十王宅、百孙院，将皇子、皇孙变相圈禁到府邸中，只给荣华富贵，不给任何实权，杜绝同姓王作乱的任何可能。之后的皇帝又在此基础上添砖加瓦，唐朝宗室成了真正的光杆王爷。

宋朝对宗室的防范堪称样本。对皇家子弟，朝廷不吝钱财，也不惜封王赏爵，但实权一概不给。朝廷偶尔也会派遣同姓王出任安抚使之类的"职事官"，但这都属于专事专办，事情了结后职权便撤销。所以，宋朝的同姓王空有天潢贵胄的名头，既无实权，也无封地，连"藩王"二字都当不起，只能称"王爷"。

因起自塞上，元朝并未完全仿效唐宋"废除"宗室，而是采用"宗王出镇"的分封手段，派宗室王爷镇守全国各地。宗王拥有一定的军事权，但没有治民权，也不存在封地一说，相当于朝廷委派的高级军事将领。出镇宗王数量不多，一部分由朝廷指定，一部分世袭罔替，这种世袭非世袭兼行的轮替方式也说明，宗王出镇区别于传统意义上的分封，宗王坐大的可能性也大大削弱。

既有汉晋的覆辙之鉴，又有唐宋的珠玉在前，朱元璋本不该在分封问题上过多纠结，但这位农民出身的皇帝对历史有另一番看法。

据《明太祖实录》记载，洪武元年正月某天，朱元璋与太子朱标聊起西汉七国之乱的旧事，他问儿子，七国之乱谁对谁错？朱标的回答是，错在七国。朱标的答案其实就是历史对七国之乱的定性，代表了史官和滚滚后世的一致看法。

朱元璋否定了已成公案的历史。他认为这是"讲官一偏之说"，七国之乱也绝非分封制度的副作用，而是汉景帝薄情寡恩、贸然削地导致的。以此为由头，他告诫朱标要"知敦睦九族，隆亲亲之恩"。

从这段历史来看，朱元璋显然没有充分意识到分封制的隐患。洪武三年

（1370 年），朱元璋第一次大行分封，给出的理由竟然与汉高祖刘邦高度类似，他说"天下之大，必建藩屏，上卫国家，下安生民"。朱元璋的治史逻辑相当混乱，他先是认为周朝享寿近 800 年，这是分封制的功劳，秦国废除分封所以速亡。接着又举出汉晋的例子，认为是分封制让他们国祚更长，因此他要"遵古先哲王之制"，为国家的长治久安而行分封。

仅这一次，朱元璋就封了 10 个藩王，除靖江王朱守谦外，其余的人都是他的儿子。

朱元璋在分封上的执拗令人难以想象。第一次大规模封王后，远在山西平遥的儒学训导叶伯巨上疏劝谏皇帝"分封太侈"，他用汉七国之乱、晋八王之乱作例，表示出"臣恐数世之后，尾大不掉"的担忧。

朱元璋看完奏疏勃然大怒，天子仪态也不管了，对手下大喊："小子间吾骨肉，速逮来，吾手射之。"只因劝他封王别过于奢侈，就要亲手射死对方，朱元璋的执拗可见一斑。这位具有先见之明的七品小官没有死在皇帝箭下，遭逮捕后，被关进刑部大牢，受尽虐待，最终活活饿死。

叶伯巨死后，没有人再敢直谏君王。终洪武一朝，朱元璋分封了 25 个藩王，其中 24 个都是他的儿子。除了太子朱标和一个早夭的幼子，朱元璋的皇子尽数封王。

朱元璋给儿子封王固然有"藩屏中央"的考虑，前期分封的九大塞王为朝廷扼守边疆，也起到了朱元璋设想的作用。但是，这绝非藩王价值的体现。正如中国人民大学历史系教授毛佩琦所言："明朝是君主宗法制国家，是朱姓一家之天下，朱元璋并不太相信跟他一起打天下的文臣武将，更希望自己的儿孙们在维护朱姓政权中发挥巨大的作用。"

因为不相信文臣武将，朱元璋只能在分封上一条路走到黑。毛佩琦教授认为，这是朱元璋一生最大的失误。

朱元璋也不是彻头彻尾的复古派，他并没有完全仿效周朝或者西汉，而是因时制宜地甄别了各朝代的制度长短，独创了一种全新的分封模式，主要呈现出以下几个特点：

第一，明初王国与西汉末年一样，有封地但没有治民权。但是，藩王必要时可以监督节制地方政府。

第二，藩王由朝廷供养，不再以封地赋税为财源，这点上又像是唐宋同姓王的待遇。

第三，赋予藩王军事权力，代天子守卫国土。这与元朝"宗王出镇"制度不谋而合。

可以看出，朱元璋的分封更像个"缝合怪"，取人之长，弃人之短，明显有以史为镜的考量，同时又有朱姓一家的私心。

历朝血淋淋的藩祸摆在史书里，朱元璋当然不会无动于衷。为了后世的长治久安，朱元璋又在控藩上下了一番功夫。

因为初代藩王都是皇子，朱元璋常以父亲的身份对他们苦口婆心。《皇明祖训》中，他简直做到了耳提面命，总结起来就是让藩王"恪守君臣之礼，不要辜负朕的一片好心"。但话说百遍不如制度一条，马上得天下的朱元璋深知军队事关重大，所以从分封那天起就着手限制藩王的军权。

首先，朝廷规定，藩王可以直接掌军，但仅限 3 个护卫，规模在 3000~19000 人之间。除非有紧急军务或朝廷命令，藩王不能调动封地内的其他部队。

其次，朱元璋明确告知藩王，挂帅出征时，军中机务消息需及时报告朝廷。

最后，担心后世藩王作乱，朱元璋还特地规定，诸侯王起兵勤王时，一定要有皇帝密诏，没有密诏，藩王无论如何不能起兵。

遗憾的是，朱元璋的这些制度收效甚微。事实上，只要开了兵权这个口子，藩王坐大就是大势所趋，谁也阻止不了。元朝残余势力的长期威胁也迫使朱元璋更加倚重出镇塞王，到建文帝即位时，镇守北部边疆的诸王已然尾大不掉，其中宁王朱权"带甲八万，革车六千"，燕王朱棣更握有"节制沿边士马"的重权。

仅 20 余年，叶伯巨的预言就成真了，如果朱元璋泉下有知，不知该做何感想。

朱允炆为什么不用推恩令

做个事后诸葛，我们可以有理有据地说出建文帝削藩的千差万错，但真要从皇帝视角放眼望去，那样的选择似乎又在情理之中。

由于朱元璋复古封建，养蛊为患，致使藩王一步步坐大。建文帝即位时，九大塞王正值当年，个个血气方刚，因此他必然有着强枝弱干的隐忧。此时，头脚倒悬的危机尚未成势，作为朱元璋钦定的继承人，坐拥大明朝万里江山的朱允炆顾虑极少。从绝对实力上讲，皇帝力压一筹，不管是用武力还是权谋，削藩推演时都该是摧枯拉朽。

建文帝登基时，朱元璋分封的 25 个亲王中，有的已因无后国除，还有因年幼留在京城没有就藩，称得上藩王的只有 18 个，其中驻守北部边境的九大塞王实力最劲，这九王从东北到西北一字排开，分别是辽王、宁王、燕王、谷王、代王、晋王、秦王、庆王和肃王。首任晋王死于洪武三十一年（1398 年），首任秦王死于洪武二十八年（1395 年）继任者虽然都已成年，但毕竟没有先王的威望，多受朝廷节制。庆王和肃王封地远在西北边陲，也不足为虑。也就是说，真正能威胁朝廷的塞王只有 5 个，其中尤为突出的是燕王、辽王、宁王。

从实力层面来讲，藩王与朝廷差距悬殊。尽管宁王有"带甲八万，革车六千"的说法，但这些部队只是受宁王节制，名义上仍然统属中央，并非藩王的私人武装。王府的三个护卫对藩王更忠心，但数量毕竟有限，哪怕顶格计算，九大塞王的藩王军也不过 18 万人，而朝廷军队则多达 80 余万，这种纸面上的数据对比无疑会影响皇帝的决策。

军事行动只是皇权的兜底绝招，建文帝可以倚赖的优势还有很多，如不容置疑的皇权。

历经一千多年的发展，华夏大地的中央集权制度不断完善，皇权至高无上，不容置疑。朱允炆是皇位的合法继承人，家族辈分上虽然低于大部分亲王，但他仍是众位皇叔的君父。朱元璋在《皇明祖训》中已将君臣礼仪细化到底，目的便是让儿子们谨守臣道，不得有半点逾矩。

皇帝不只有权威，还掌控全国的赋税，揽有全国的人才，这种牌面下，恐怕朱允炆都想不出输掉皇位的办法。

不管怎么说，皇权不容分割，众藩王虽然反迹未露，毕竟还是分权中央，削藩势在必行。

问题是，该怎么削？

朱允炆不是没有第二条路。早在他做出削藩决策时，大臣高巍就建议用"推恩令"这把软刀子来割肉，既能彰显皇上天恩，又能削藩于无形。更重要的是，高巍看出了蛮力削藩的风险，他提醒建文帝"勿行晁错削夺之谋，而效主父偃推恩之策"。

户部右侍郎卓敬深表赞同，他附和高巍，希望皇帝纳谏。

但是，另外两个更有分量的谋士提出了不同意见。翰林学士黄子澄、兵部尚书齐泰强烈反对推恩令，他们一致认为，藩王已然坐大，威胁中央，燕王朱棣更是心腹大患，并且诸王有合纵谋逆的迹象，削藩已成"燃眉之急"，不能再用推恩这样的温补手段，下猛药才能治沉疴。

这两位是朱允炆的心腹，也是他登基后最为宠信的大臣，几乎主导了建文一朝的所有大政方针。对他们的话，建文帝当然会另眼看待。

于是，建文帝决定以蛮力削藩。洪武三十一年七月，御极仅六十多天的新皇推倒了第一张多米诺骨牌：周王朱橚次子向朝廷举报父亲图谋不轨，借此良机，皇帝派曹国公李景隆以备边之名前往开封，将周王全家逮捕并押回南京，随后废周王为庶人，迁往云南蒙化。

蝴蝶效应就此引发。周王之后，齐王、湘王、代王在一个月内因各种可疑的罪名被废，湘王朱柏不惜自焚以换取清白。两个月后，岷王朱楩被废。与此同时，朱允炆又对朱棣磨刀霍霍，靖难之役终于爆发。4年后，燕军攻入南京，朱允炆下落不明，燕王称帝临朝。

对朱允炆来说，这个结果太糟糕了，皇冠没了，性命大概率也丢了。黄子澄和齐泰的建议导致了这么个下场，这是所有人始料未及的。那么，如果我们把时间拨回削藩之前的那次御前会议上，假设朱允炆做出了相反的选择，力行推恩，情况会怎样呢？

鉴于高巍提出建议时没有附带操作细则，我们不妨先试试原始零件，看它是否适应大明这台国家机器。

其实，只需粗略扫一眼，我们就能发现推恩的问题所在。

首先，推恩令颁布于公元前127年，距建文帝登基时已有1500多年，沧海桑田，世事变迁，西汉推恩令针对的王国环境显然不同于明朝。汉武帝推恩之前，王国势力已在七国之乱中元气大伤，几乎丧失了作乱潜能。而朱允炆削藩前，明朝的藩王势力处于上升期，并且已经有了对抗中央的资本。

其次，推恩令的目标是"分地"，使得王国不削而弱。但明朝的藩王没有真正意义上的封地，所有的土地都由朝廷派驻的地方官府直辖，藩王没有治民权，无地可分。如此一来，推恩令似乎找不到着力点。

最后，推恩令打破原有继承方式，让嫡长子以外的支庶也能获封列侯。推恩令的这股巧劲在明朝也不适用了。原因很简单，根据朝廷制度，亲王的嫡长子为王世子，是未来的王位继承人，亲王的其他儿子，无论嫡庶一律封为郡王，郡王的支庶一律封为镇国将军，并且这些爵位的俸禄都由朝廷开支。也就是说，明朝藩王内部没有不可调和的利益分配矛盾，根本无恩可推。

基于以上三点原因，我们可以确定，汉代的推恩令对明代来说早已过时，适配性极差，根本不能原样照搬。

如果我们将推恩令稍加改造呢？土地不能推，爵位不能推，那军权呢？毕竟这是所有藩王的核心利益。

显然这也是行不通的。且不说藩王在位时愿不愿意这么干，就算他们死后朝廷将三个护卫的军权平均分配，也明显有违制度和军事常识。从制度上讲，只有亲王才有资格组建护卫；从军事上讲，与土地和遗产不一样，各自为战是兵家大忌，军力分得再细也要有一个绝对的指挥中枢，如果朝廷无法完全掌控亲王护卫，这些部队最终还是会合流一处，永远不会被打散。

由此看来，汉朝的推恩令无法适配明朝的国情，哪怕经过改造，它在明朝也没有用武之地。归根结底，这种针对性的政策都是切中当时的利弊，本就不是放之天下皆准的万能条令。

但是，这并不意味着推恩令对建文帝来说一无是处。至少从他蛮力削藩带来的普遍抵抗来看，推恩令中的"仁政"思想仍然可以借鉴。试想，如果削藩不那么激进，不那么无情，而是刚柔并济、恩威并施，藩王与中央的矛盾也不至于迅速激化，如此一来藩王也不会早早抱定鱼死网破的决心，更不至于让皇帝陷入薄情寡恩的道德困境：靖难之役中，宁王半推半就与燕王一同举兵，众藩王作壁上观，及至谷王打开南京城门，无疑都是藩王对这位"冷血皇帝"的报复。

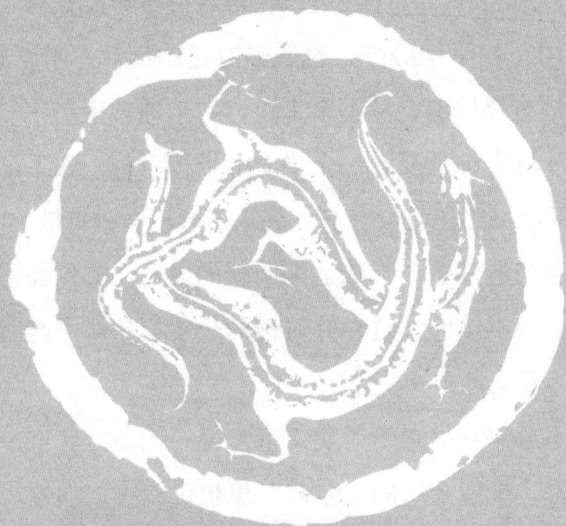

第十一章 清朝的藩王绝唱

靖难之役后，明成祖朱棣废除了建文时代的大量新政，甚至连侄子的年号都不予承认。可在削藩大计上，朱棣亦步亦趋，利用新皇权威，对宗室诸王大加削夺，并试图将朱姓藩王改造成一个只能坐享富贵而无法抗衡中央的食利阶层。朱棣削藩饶有成效，但明代的藩王之患并未绝迹。朱棣死后有汉王作乱，正德年间又有宁王谋反，可见明朝的削藩并不彻底。

　　反倒是代明而立的清朝，平定三藩之乱后，用一套简约而严密的宗室制度，死死扼住宗王的两大命门。自此，中央集权达到顶峰，困扰中国封建王朝的千年顽疾终于销声匿迹。

假如康熙帝也用推恩令

只差一点点，"胡人无百年之运"就变成了铁打的定律。

公元 1673 年 11 月，平西王吴三桂杀死云南巡抚朱国治，自封天下都招讨兵马大元帅，正式举起反清大旗，立国未稳的大清随之地动山摇。吴三桂兵出云贵后，迅速进据湖南。与此同时，各路叛军纷纷响应，将军孙延龄叛于广西，巡抚罗森叛于四川，提督王辅臣在宁羌作乱，靖南王耿精忠在福建遥相呼应，割据台湾的郑经也趁机渡海运兵，偷袭福建漳州、泉州及广东潮州。1676 年，平南王尚之信加入战局，三藩之乱的声势已达顶峰。

大清风雨飘摇，湖南、四川在内的八个省份相继易主，半壁江山得而复失。

三藩之乱由撤藩而起，其引发的连锁反应早已超出康熙帝的预料。

起初，清廷内部在讨论吴三桂撤藩时也出现过激烈的争论。大学士图海、索额图都反对撤藩，当时云南平定不久，他们担心撤走吴三桂会造成局势动荡。但兵部尚书明珠等人力主撤藩，在他看来，三藩已有割据一方的事实，裁撤藩王对朝廷利大于弊。

康熙帝当然也察觉到了三藩之患。

清军入关时兵力有限，大半江山都是靠以吴三桂为首的降将们打下来的，迫于现状，清廷分封了数位异姓王。这些异姓王替清廷卖命的同时，也在各自驻地积蓄力量，到康熙一朝，平西王、靖南王、平南王这三藩已成国中之国，对中央集权的威胁直追汉初权势滔天的诸侯王。

首先，三藩各自拥有战力不俗的军队，与汉初诸侯王无异。仅以吴三桂为例，他麾下有本部五十三佐领一万多人，还有前、后、左、右抚剿四镇和绿营兵十营，总兵力在十万上下。吴三桂本人又是大将出身，多年南征北战，武略极佳，虽然比不上汉初的楚王韩信，在清初一众军事强人中也是拔尖的存在。

其次，三藩操纵地方官员的任免。清初入关分封诸王时，并没有赋予他们治理地方的权力。但三藩倚仗功劳，屡屡伸手要权。康熙二年（1663年），吴三桂就上疏皇帝，要求云、贵两省的总督、巡抚"听王节制"，计划落空后，他又暗中培植势力，党同伐异。吏部、兵部派往云南的官，只要吴三桂看不上眼的，一律要求朝廷撤换。久而久之，吏部在云南的官员任免上逐渐没了话语权，朝廷撤藩之前，云南的人事几乎全由吴三桂说了算。

这点上，三藩的情形与汉初形成对照。汉初诸侯国有自置百官的权力，除国相等特殊职位，王国人事任免全凭诸侯王说了算。

最后，三藩坐拥一地，富甲一方。清朝皇帝也读史书，知道藩王一旦拥有固定财源会有什么后果。所以，分封藩王时朝廷就明确规定，三藩一切用度都由中央政府调拨，不能在当地直接征收土地税或人头税。但上有政策，下有对策，三藩见正税收不上，便巧立名目，从其他税源上找补。比如平南王和靖南王同驻广州期间就曾自行收税，大到盐铁税，小到家禽家畜税，极尽盘剥之能事。

吴三桂在捞钱上也是一把好手，他强占卫所公田，控制与西藏的茶马贸易，垄断盐井，甚至开采铜矿，自行铸币。当时有人这样描写吴三桂的财富："库仓金银，币帛积之如山，厩圈骡马豚羊畜之如林。"

三藩富甲一方也就算了了，关键清政府每年还得向他们"输血"，中央政府为此背上了巨大的财政包袱。据《清世祖实录》记载，顺治十七年（1660年），户部收得天下正赋（土地税）共800多万两，但朝廷拨给吴三桂的军费就多达900余万两。也就是说，整个大清国的土地税还不够平西王一家挥霍。

显然，财政视角上，清初三藩比汉初王国更具威胁，毕竟那时的诸侯王还得在封地上自给自足，不至于对中央造成财政压迫。

汉朝往事在前，康熙翻翻史书就该感到后背发凉。所以，当撤藩时机来临，而朝臣又各执一词时，这位二十出头的年轻皇帝展示出来老成帝王的乾纲独断："今日撤亦反，不撤亦反，不若先发。"

是不是有点耳熟？没错，1800多年前，晁错在劝汉景帝削地时说出了几乎同样的话："今削之亦反，不削之亦反。削之，其反亟，祸小；不削，反迟，祸大。"

历史在这里又偶合了，晁错削藩导致七国并乱，他"如愿以偿"；康熙撤藩逼出三藩之乱，他也"求仁得仁"。更有趣的是，二人给自己打的预防针都不够剂量，晁错没想到叛乱声势如此浩大，康熙也料不着三藩之外还有豪杰并起。

与晁错、汉景帝一样，康熙也慌了。中国历史上，少数民族政权多如牛毛，可它们要么偏安一隅，要么像元朝一样短命而终，所谓"胡人无百年之运"正是由此而发。眼见大祸临头，康熙甚至打算御驾亲征，如果不是大臣劝阻，他真有可能披坚执锐，亲自上阵。

尽管康熙最终平定了三藩，方兴未艾的政权得以化险为夷，但后世对他贸然撤藩的举措仍多有批评，相当多的观点认为，撤藩没错，错在操之过急，置王朝于凶险的绝境。

要知道，清政府当时并不是没有别的选择。电视剧《康熙王朝》中，孝庄太后也是坚决反对撤藩的一方，康熙帝的决定却让她痛心疾首。在孝庄看来，三藩之患是重症，不可急攻，只能缓治。对付吴三桂，上善之策是逐年削兵，最好的办法甚至是"等他老死，大家都利索"。

影视作品虽然不能代表历史，但孝庄的这番建议并无不妥。康熙撤藩之前其实已经变相收回了吴三桂的部分权力，再加上吴三桂当时已年逾六十，而他的世子吴应熊又在北京，还跟皇家联姻，并不赞同父亲造反，因此"等他老死"或许真的是一条良策。

鉴于清初三藩形势类似汉初王国，我们又可以做出一个设想：假如康熙也行推恩，结果会如何呢？

在前面章节中我们已经讲明推恩令的适配条件，它起作用的前提是中央对地方形成压倒性优势。因此，哪怕是在汉朝，七国之乱前推恩令也是难见成效的，只因汉武帝时期王国衰弱，这才给了推恩令一击定乾坤的机会。从三藩之乱初期的形式看，清廷与众藩王虽有实力差距，但绝对谈不上"压倒性"。而吴三桂等人素有二心，降清本来也是权宜之计，他们排斥朝廷的任何削弱手段。比如说顺治末期，朝廷就曾多次计划裁减三藩军队，结果都因三藩抵制而作罢。

面对这样的藩王，推恩令怎么可能顺利推行，更别说三藩也是"分封而不锡（赐）土，列爵而不临民"，与明朝亲王出镇边疆异曲同工，只此一条便让推恩令无的放矢。

所以，推恩令在清初也不可复制，归根结底，还是此一时彼一时也。如果说推恩令中的仁政思想多少还能作用于建文帝削藩，那在康熙撤藩情境中，它的价值似乎也是有限的。清廷为拉拢三藩早已宽纵过头，几乎是予取予求，再施恩典反而会火上浇油。

后世对康熙撤藩的批评从来也只着眼于"时机"，对他维护中央集权的决心和平乱时的运筹帷幄反而多有推崇。从这点来说，裁撤三藩已是绝佳的削藩样本，实在难以再对其吹毛求疵。

没有财权，没有军权，王室就是摆设

　　唐代诗人白居易有名篇《卖炭翁》传世，诗中穷苦老翁夜以继日地烧炭卖炭，只求换得"身上衣裳口中食"。某天，他把一车炭拉到集市，两个太监骑马翩翩而来，用"半匹红纱一丈绫"换去了他全部的劳动成果，老人欲哭无泪。

　　白居易在诗名下自注"苦宫市也"，它反映的是一个特殊历史时期的特殊制度——宫市。白居易所说的宫市由唐德宗李适开创，他派手下的太监到首都各个集市采购皇宫所需，一旦有看中的商品，太监们口称"宫市"，随意付点与货物价值相去甚远的财物，便可要求货主将商品送到宫内，几乎白拿不说，这些太监往往还会勒索"门户钱"和"脚价钱"。后世评价称，宫市制度是"皇帝直接掠夺人民财物的一种最无赖、最残酷的方式"。

　　本书第二章讲过唐德宗李适的失败削藩，宫市制度正是那次失败行动的产物。由于李适无法挽回藩镇对中央的架空，朝廷的财权和军权进一步外流，痛定思痛的他意识到有钱腰杆才硬，开始无所不用其极地敛财，不管是正规还是非正规的手段，只要能给朝廷创收、能从藩镇手中夺食，他一概来者不拒。宫市制度只是皇帝贪财的一个缩影，为了堵住悠悠众口，堂堂天子甚至公然劝名臣陆贽贪污，还说太过清廉其实并不好，一些小财小贿，受之也无妨。

藩镇对中央的财政挤压由此可见一斑。

历史在创造一些悲剧的同时，往往又能让"后人哀之而鉴之"。自秦朝建立开始，中国王朝的最高统治者不断致力于从地方夺权，唐朝灭亡到民国成立这 1000 年间，只有明初和清初存在过威胁巨大的宗室藩王之患，其余时间里，中央集权都在向顶峰攀登，直至清雍正年间，皇权凌驾一切，中央集权达到巅峰。在这样一个大背景下，宗室同姓王再也没翻江倒海的可能。

清朝对宗室同姓王的控制与中央集权的强度成正比，其宗室制度简约而又严密，中国人民大学历史系教授刘文鹏称这种制度"彻底结束了裂土分封"，意义非凡。这样一套制度当然不能闭门造车，事实上，清政府是从历朝历代的藩镇教训中找到灵感，真正扼住了同姓王的两大命门——军权和财权。

包括三藩之乱在内，中国历史上屡屡出现地方与中央的军事对抗，究其原因，还是军权下放带来的恶果。七国之乱时吴、楚等诸侯国拥有庞大的王国军队，西晋八王作乱的资本同样是麾下武装，到靖难之役、三藩之乱时，藩王虽然没有实质上的封地，但仅凭武力仍能与中央分庭抗礼，甚至逆天改命。

入关之前，努尔哈赤为攥紧拳头一致对外，曾将后金八旗平均分给子孙，当时的军国政务都由努尔哈赤和八旗旗主共同决定。他这么做是为了维持政局平衡，防止自己死后祸起萧墙。

但这种格局使得继位的皇太极难以施展，每天上朝前，他甚至还要给几个哥哥行礼，皇太极甚至自嘲"不过一黄旗贝勒而已"。皇太极时期，几大贝勒各自拥兵，矛盾尖锐，满洲也一度面临分裂危机。

入关之后，清朝皇帝开始极力削弱宗室旗主的势力，并建立起一套独特的封爵制度，自此旗主政治才逐渐被中央集权代替。

《清文献通考》将宗室爵位之封纳入"封建"条目，这说明清廷也将其当作中国传统历史上的分封制度。但清廷的分封实在又与传统大相径庭：其宗室诸王有封号却没有封地，也没有属国，不能到地方任职，无法干预地方政务。除非皇帝特许，只能在京城居住，时刻生活在朝廷的监视中。

清军入关之后，宗室王爷只有在极罕见的情况下才能染指兵权，并且权力也极其有限。例如，康熙帝十四子胤禵，因其文韬武略，朝廷曾任命他为大将军王，前往青海平定叛乱。为激励儿子，康熙甚至破格允许他以天子的规格出征。别看胤禵以皇子身份坐堂掌兵，名义上提领十万兵马，但在九子夺嫡的决赛时刻，军队并不能为他多添一丝胜算。归根结底，胤禵的大将军王是一种类似宋朝"职事官"的头衔，他虽然有调兵遣将的权力，但部队仍属于朝廷，其粮草、器械都依赖朝廷供应，没有支撑，兵力再多也只是个数字。这与靖难之役前的藩王掌兵也不是一回事，那时朱棣不但拥有北平这个基地，而且能够独掌燕王所属的三个护卫，是真正的一方军阀。

清廷限制宗王的另一个手段是斩断其财源。清代宗室爵位可以分为亲王、郡王、贝勒等12个等级，与前代王朝相比，清朝采用了独特的降级袭爵制度。正常情况下，亲王的爵位由嫡长子降一级继承，也就是说，亲王嫡长子只能袭封郡王，郡王的嫡长子只能袭封贝勒，依此类推。清朝也没有皇子封王的先例，就算是皇帝的儿子，封王也得靠自己争取。除非有恩旨，王爵不能世袭罔替，有清一代，朝廷只分封了12个世袭罔替的铁帽子王，其余亲王都不过是过眼云烟。

爵位逐代递减，待遇逐渐降低，这一制度为国家财政减负的同时，也断绝了亲王一脉积蓄力量的可能，彻底消除了宗王尾大不掉的潜在威胁。

与明朝一样，清朝也抛弃了采邑制度，亲王的开支由朝廷拨给，每年的俸禄是一万两银子、五千石米，郡王的俸禄减半。与明朝不一样的是，大清对宗室并不大方，对亲王财力也是严格控制。

明朝朱姓宗王就藩全国，他们不光有极高的俸禄，还占有民间大片土地、庄园，因此极为富庶。明宪宗时期，德王一次即受赏40余万亩王庄，万历皇帝更是一次性赐给福王200万亩王庄。

与之对比，清朝宗王就相形见绌了。大清诸王困在京城，没有广开财路的手段，虽然也有皇帝封赏的王庄，但已不足以让他们富甲一方。比如康熙的哥哥裕亲王福全，他名下有 7 万余亩的王庄，这已是清朝入关后宗王的极限。雍正之后，王庄规模骤降，多的只有 3 万亩，少的甚至不到 1 万亩。清朝宗王的待遇每况愈下，中后期许多亲王甚至无法靠俸禄和田租养活王府。据史料记载，乾隆以后，许多亲王的花费是收入的一倍多，这导致他们不得不依赖皇帝的特别赏赐，有时甚至还要靠变卖家产度日。连一个王府都养不活，亲王哪还有犯上作乱的资本。

　　从军权上的严苛隔离，到财权上的积财吝赏，清朝利用这种几近无情的控藩制度，让宗藩这个特殊群体彻底退出了政治舞台。

　　其实，汉晋之后的朝代都意识到了军权和财权乃是藩镇命门所在，只是因种种政策失误或形势所迫，藩镇得以屡屡突破限制，祸乱朝纲。但在中央集权不断加强的主旋律下，这毕竟还是小概率事件，不足以影响历史的大进程。前文论述中，推恩令之所以无法适配各朝代的削藩，除了中央与地方实力差距不明显外，另一个重要原因便是分封模式的转变使它无恩可推。推恩令为何惊鸿一现，为何无法复制，道理就在其中。

画外音　破碎的欧洲和大一统的中国

英国脱欧的当口，不少中国网民都产生了一种困惑：欧洲各国有着同样的基督信仰，又同是古希腊文明的支脉，整个欧洲面积也不大，为什么总是四分五裂，以至于连个松散的欧洲联盟都无法维持？

这种的困惑源自中国人骨子里根深蒂固的"大一统信念"。

虽然直到秦朝中国才首次凝聚成大一统国家，但早在春秋时期，诸子百家就不谋而合地将"大一统"视作各自的政治理念。儒家推崇"定于一"，墨家提倡"尚同"，法家也极力主张"事在四方，要在中央"。秦朝一统六国之后，大一统王朝成为中国历史的主流，其间也有短暂的分裂割据时代，却无法击碎中国人的统一梦想，总有那么一些历史强人，在王朝破碎之后不遗余力地进行二次黏合，于是"分则必合"成为中国历史的一大周期律。

长期的大国一统也成为普通民众的家国信念。几千年来中华民族始终追求团结统一，把这看作"天地之常经，古今之通义"。

反观欧洲，其历史上也曾大部统一于数个帝国之下，如罗马帝国、法兰克王国、法兰西第一帝国，但与中国相比，这些统一过于短暂，各自为政反倒是主旋律。所以，将大一统当成习惯的中国人看向破碎的欧洲时，往往殊为不解。

英国著名汉学家鲁惟一认为，大一统是中国民族特性的必然结果。也就是说，它既是因也是果。大一统的思想使得中国一再凝聚，而这种凝聚又进一步反哺思想，使之成为一种惯性。因此，许多人将欧洲的四分五裂部分归因于地理环境和民族互斥的同时，也不得不承认是文化传统造就了欧洲与中国截然相反的政权面貌。我们可以从法兰克王国的"诸子分地"和西汉王朝的"推恩令"对比中轻易窥见中欧在文化传统上的分歧。

法兰克王朝于公元481年建立，全盛时期国土覆盖大半个欧洲。依法兰克人的继承制度，每代国王死后，都由其儿子平分国土。第一代国王克洛维一世死后，他的四个儿子就瓜分了王国领土。这种继承制度造成了极大的混乱，往往国家好不容易统一，国王一死便四分五裂，之后各方势力重新角逐，再度统一，再度分裂，如此循环往复。从分封模式上看，法兰克王国的"诸子分地"与推恩令存在一定的相似性。它们都抛弃了唯一继承制，使得国王的支庶也能封土授爵。诸子分地也能短暂调和宗室内部矛盾，避免争储带来的政权动荡。

但从制度效果上看，诸子分地根本无益于中央集权和大一统。推恩令是为保障皇权至高无上，对各诸侯国进行分化瓦解，而诸子分地则对最高权力进行分割，是对中央集权的一种背离。因此，法兰克王朝总是需要强势君主来重新整合，一旦君王暗弱，王朝便危在旦夕。公元814年，查理大帝去世，由于其过于长寿，四个儿子都先他而去，王国便不再被瓜分，由路易一世全部继承。继任之君没有查理大帝的气魄，几个儿子因分国矛盾大动干戈，最终路易被架空，于公元840年去世。3年后，他的儿子们签订《凡尔登条约》，将父亲的庞大帝国分成东、西、中三个独立王国，自此法兰克王朝再无统一可能，正式宣告灭亡。由此划分而来的三个国家便是日后的法兰西王国、意大利王国和德意志第一帝国的雏形。

同样是推恩分封，西汉加强了中央集权，而法兰克王国却造成了旷日持久的分裂。中欧之间的政治文化差异可见一斑。

由于没有王朝化的思想，也没有对全欧统一的执着，各国往往安于现状，偶有野心勃勃的帝王征服欧洲，却总因大一统思想土壤的贫瘠而草草收场。

推恩令精神与欧洲传统文化的反差不止于此。

17世纪，法王路易十三执政时期，法国国内遍布上百个新教徒组成的地方势力，他们拥有独立武装及相当的自主权，与西汉初年诸侯国类似。为了拓展海外殖民地，路易十三意识到中央集权的重要性，他于1629年颁布《阿莱斯恩惠敕令》，以武力解除国内新教徒的武装，并一步步剥夺新教徒的权力。路易十四继位后，法国"削藩"更为疯狂，他颁布《枫丹白露诏令》确定了天主教的国教地位，并暴力驱逐国内的新教派。这造成了大量的财富和人才外流，中央集权因此强化不假，但这些制度沉重打击了法国的经济，为英法战争中法国的失利埋下伏笔。

法国在"削藩"上的激进并不是偶尔为之，事实上，在近现代意义上的国家出现之前，破碎的欧洲是一处真正的原始森林，各国弱肉强食，相互攻伐，据历史资料记载，欧洲战争频率长期稳坐世界第一。随之而来的恶果是，各国解决矛盾时往往耐心不足，用武几乎成了信手拈来的习惯。

与之相比，推恩令彰显了东方古国独特的削藩智慧：中央政府既可以碎割地方势力，回收更多的利益，又能以"仁政"凝聚人心，保持帝国的整体力量，而这正是汉朝敢于同匈奴打一场全面战争的底气。

仅以推恩令为窗口，我们就能轻易发现欧洲破碎的真实原因：与中国相比，欧洲并没有形成"必须统一"的全体认知，也没有大一统的文明，纷繁的战争使各国割裂更深，文化差异更大，以至于今天欧盟还是只能用"多元统一"的口号拢具各国。

对中国而言，推恩令既是大一统思想的产物，又是促进大一统的理论根基。它不光是一道皇帝诏令，更映射出中华民族浸入骨血的共同体认知——对国家统一和领土完整的强烈追求。

图书在版编目（CIP）数据

推恩令：千古阳谋的真相 / 刘希著 . -- 北京：

台海出版社，2024.8（2025.1 重印）. -- ISBN 978-7-5168-3939-3

Ⅰ . K234.107

中国国家版本馆 CIP 数据核字第 2024WY9776 号

推恩令：千古阳谋的真相

著 者：刘 希
责任编辑：魏 敏
封面设计：天下书装

出版发行：台海出版社	
社 址：北京市东城区景山东街 20 号	邮政编码：100009
电 话：010-64041652（发行，邮购）	
传 真：010-84045799（总编室）	
网 址：www.taimeng.org.cn/thcbs/default.htm	
E - mail：thcbs@126.com	

经 销：全国各地新华书店
印 刷：三河市祥达印刷包装有限公司
本书如有破损、缺页、装订错误，请与本社联系调换

开 本：710 毫米 × 1000 毫米 1/16	
字 数：180 千字	印 张：12
版 次：2024 年 8 月第 1 版	印 次：2025 年 1 月第 3 次印刷
书 号：ISBN 978-7-5168-3939-3	

定 价：59.00 元

版权所有 翻印必究

青蓝